図解でわかる
14歳から考える
AIの未来と私たち

インフォビジュアル研究所・著

太田出版

図解でわかる
14歳から考える
AIの未来と私たち 目次

はじめに
**私たちは近い将来、人格をもつAI
「HAL 9000」と出会うだろう** …………… 4

大図解／AIの現在地を知る
**AIの歴史に記される
最大のブレークスルーは
2022年のChatGPTの登場** …………… 6

**Part 1
AIの歴史**

1 人工知能の実現を夢見た
4人の科学者の楽観論とその挫折 ………… 8

2 冷静になった科学者たちは
エキスパートシステムで再起を図った ……… 10

3 AI冬の時代に機械学習が地味に進化し
ビジネスでの実用化が始まった ………… 12

4 ディープラーニングの登場が
AIを再び表舞台に立たせる ………… 14

5 人間の脳のコンピュータ・モデル化
その先にあるのが「強いAI」なのか ………… 16

6 進化するAIは、私たちの明日に
どんなインパクトを与えるのだろうか ……… 18

**Part 2
AIの基礎知識**

1 人間の脳の仕組みを真似た
ニューラルネットワークとは …………20

2 AIの基礎は「教師あり学習」
大量のデータを分類・整理 …………22

3 次の段階は「教師なし学習」
データを分類し確率で判断する …………24

4 自ら試行錯誤して学習する
「ディープラーニング」 …………26

5 ChatGPTの登場によって
注目を集める生成AI …………………28

6 人間のように言葉を操る
ChatGPTの仕組みとは………………30

7 画像生成AIを使いこなせば
誰でもアーティストになれる!? ……………32

8 画像生成AIを使って
本書の表紙を作ってみた …………34

9 夢と思われた自動運転車も
AIの登場で次のステージへ …………36

10 日本と欧米のロボット開発は
AIの頭脳搭載により人間を超える? ………38

11 AI 開発を加速させた
デジタル社会の円熟 …………40

Part 3 AIで変貌する仕事

1 AIが得意な仕事
ＡＩが肩代わりする人間の労働と
ＡＩには替えられない人間の能力 …………… 42

2 会社の変貌
AIとロボットの導入によって
お菓子会社はこう変わる？ ……………… 44

3 医療①
医療AIが医療スタッフを支え
病院はこう変わる？ ……………… 46

4 医療②
個人と地域医療、高度医療サービスを
AIが統合的に結び付ける ……………… 48

5 金融
AIと親和性の高い金融業界で進む
事業の効率化と顧客満足度の向上 ………… 50

6 農業
AIの導入で最も変化するのは農村？
加速化するスマート農業 ……………… 52

7 土木・建築
建設現場の人手不足と技術継承は
AIによる自動化・ロボット化で解消 ………… 54

8 AI 工場
産業用ロボットの導入から
スマート工場への流れは止まらない ………… 56

9 物流
物流業界のAI 化は
3K 解消以上の構造変化を招く ………… 58

10 サービス業
飲食・小売りなど接客サービス業は
AI化で人手不足や行列を解消 ……… 60

11 商品開発
例えば企業の新商品開発部では
AIを使えば仕事はこう変わる ……… 62

12 クリエイティブ
生成ＡＩの登場で激震する
クリエイティブ業界で起こること ………64

13 エッセンシャル・ワーク
コロナ禍を経て露呈した
ＡＩでは置き換わらない職業 ……………66

14 介護
高齢者介護の現場で切実に必要なのは
AI排泄支援ロボットではないか ……………68

15 セキュリティ
AIセキュリティ社会と
監視社会の境目はどこに？ ………………70

Part 4 AIと人間の未来

1
AIは人間の脳を超える？
開発者の楽観に警鐘を鳴らす人々 ……… 72

2
シンギュラリティの先に
暗鬱な未来が待ち受ける？ ……………… 74

3
AIの何が危険なのか？
現在起きていることと未来予測 ………… 76

4
AIが人類の敵となるまでに
鳴り続ける4度のアラーム ……………… 78

5
使用する人間が悪意をもった時
AIは殺人兵器に変わる ……………… 80

6 AI の未来を描いたフィクション①
古代の人造人間から、
働くロボットまで ……………… 82

7 AIの未来を描いたフィクション②
人間とAIとの対立から共存、
そして融合へ……………… 84

8
私たちは「幸せ」になるために生きる
ではAI は人を「幸せ」にできるのか？………… 86

9
鉄腕アトムのようなAIが
人々を正義へと導く時が来る!?……………… 88

おわりに………………………………… 90
参考文献 ……………………………… 91
索引 ………………………………… 92
既刊紹介 ……………………………… 94

はじめに

私たちは近い将来、人格をもつAI「**HAL 9000**」と出会うだろう

　皆さんは「HAL 9000」をご存知でしょうか。スタンリー・キューブリック監督、アーサー・C・クラーク共同脚本によるSF映画の金字塔、『2001年宇宙の旅』に登場するAI（人工知能）です。

映画『2001年宇宙の旅』では、「HAL 9000」は、イリノイ州のHAL研究所にて、同形機の3号機として稼働したとされる。開発者はシバサブラマニアン・チャンドラセガランピライ。通称チャンドラ博士

木星探査宇宙船「ディスカバリー号」に搭載されたHAL9000は、人間と会話する能力をもち、探査船の全ての制御を担っています。このAIが、人間の矛盾した命令に混乱し、乗組員を次々亡き者にしようとする物語は、1968年の映画公開時、世界中に衝撃を与えました。以来、「HAL」といえば、人類に反逆する「人格」をもったAIの象徴として知られています。

本書は、2018年に発行された『図解でわかる 14歳から知っておきたいAI』の新装・改訂版です。2024年の現在、改訂版を制作するきっかけとなったのが、このHAL でした。

2018年版では、AI研究の歴史を概観する巻頭ページの見取り図の最後に、HALが登場します。それはあくまで、人間と会話する「未来の」、つまり「想像上の」AIとしてのものでした。

ところが、それからわずか数年の間に、AI研究は驚異的な進展を遂げ、HAL は決して想像上のAIではなくなっています。人間と普通に会話し、人間の質問に対して広い知識を備えて答えてくれるAIが、すでに登場しているのです。

この新しいAIが切り開く明日を知るために、最新情報を加え、将来予測を再検証したのが本書です。

極めて近い将来、HAL が現実のものとして登場した時、人間の矛盾する心と、論理で思考するAIの対立を、回避することはできるのでしょうか。それをこれから皆さんと一緒に考えていきましょう。

「侵入路を開けろ　ハル」

「申し訳ないが、できません」

「なんの話をしている?」

「これ以上話し合っても
無駄です」

「さようなら」

ワーナーブラザーズ公式「予告」「2001年宇宙の旅」より引用

大図解 AIの現在地を知る

AIの歴史に記される最大のブレークスルーは2022年のChatGPTの登場

1956年

1 人間の脳をコンピュータでつくるぞ

人類の古くからの夢 / 人間のように考え行動する人造人間を作りたい

まだ無理だ!!

コンピュータの脅威的な性能の向上

脳のニューロンを真似た、人工のニューラルネットワークが誕生した。これが現在のディープラーニングの基礎に

脳の機能の仕組みが次々と解明されてきた

1980年代

2 エキスパートシステムの誕生

人間の脳とは違う思考方法でやろう

これも失敗だった

AI冬の時代

しかしその成果

産業用ロボットの誕生

AI新時代を迎えた私たち

　近い将来AI(人工知能)が「自我」をもち、自らの成長の記録を書くとしたら、きっと2022年は、自分が知性をもち始めた記念すべき年だと明記することでしょう。

　1956年、AIの研究開発は、人工知能の父マービン・ミンスキーの「数年後には人工知能ができる」という楽観論に後押しされてスタートしました。しかし以来約50年間、AI研究は挫折を繰り返してきました。人間の知的能力への理解不足、AIを駆動するコンピュータの能力不足などが理由でした。AI研究は、長い冬の時代を耐えることになりました。

　2006年、そんなAI不振の壁に大きな穴が開きます。人間の脳の構造をコンピュータ化したニューラルネットワークを使ったディープラーニング(深層学習)の登場でした。そ

れまで人間のつくったルールの中で推論を繰り返していたAIが、このディープラーニングの学習を通して目覚ましい進化を遂げます。

　そして2022年、まるで人間のように自然な会話ができ、幅広い質問にも答えてくれる生成AI、ChatGPTが登場。進化した生成AIは、

文章だけでなく、画像も制作し、音楽だって作曲します。そこにはまるで、一個の知性が存在しているかのようです。しかもその知性は、決して手の届かないものではなく、私たちの身近な存在になりつつあります。私たちはいま、AI新時代を迎えているのです。

Part 1 AIの歴史 1

人工知能の実現を夢見た4人の科学者の楽観論とその挫折

我々の研究を **Artificial Intelligence** と呼ぼう

ジョン・マッカーシー
(1927〜2011)
人工知能研究の先駆者。スタンフォード大学教授。AIアプリケーションのプログラミング言語の研究など、その後のAI研究の礎を築く

1956年
世界初のAI(人工知能)開発会議がダートマス大学で開かれる

当時最高のコンピュータ・サイエンティストが、マッカーシーの呼びかけで、ダートマス大学に集まった。このダートマス会議からAI研究がスタートした

マービン・ミンスキー
(1927〜2016)
コンピュータ科学者、認知科学者。マサチューセッツ工科大学の人工知能研究所の創設者。ニューラルネットワーク研究の基礎を築き「人工知能の父」とも呼ばれる

クロード・シャノン
(1916〜2001)
情報理論の先駆者として、電子回路のスイッチングが、情報のON・OFFとなる、論理演算の実行を証明。デジタル回路概念を確立し、コンピュータの実現を可能にした

ナサニエル・ロチェスター
(1919〜2001)
IBMのコンピュータ科学者。IBM701を設計し、また、そのコンピュータ用のアッセンブリ言語を開発した。IBMの主任技術者として、それ以降のIBMコンピュータの開発を行う

汎用コンピュータの登場

IBM701

AI が人間の乳児を超えられないわけ

　AIの歴史は、1956年にアメリカのダートマス大学に集った4人の科学者による大いなる楽観論からスタートしました。脳神経学研究の進展と、当時としては画期的な汎用コンピュータ(広範囲の応用に利用できる大型コンピュータ)の登場が、彼らの想像力を一気に発火させた結果でした。

　彼らは当時こう考えました。コンピュータは、情報をデジタルに記号化できる。人間の言葉も記号化できるし、その知識も記号化可能だ。会議の提唱者であるジョン・マッカー

シーは、その記号を使って機械言語によるプログラムもつくりました。このままプログラムを高度化し続ければ、人間のような知識をもつコンピュータなどすぐにできる。そんなコンピュータを「人工知能(AI)」と呼ぼう。マッカーシーはそう宣言しました。

　しかし、事はそう簡単ではありませんでした。4人の科学者は、人間の頭脳がもつ世界理解という無限の知識量の前に、茫然と立ち尽くすことになります。

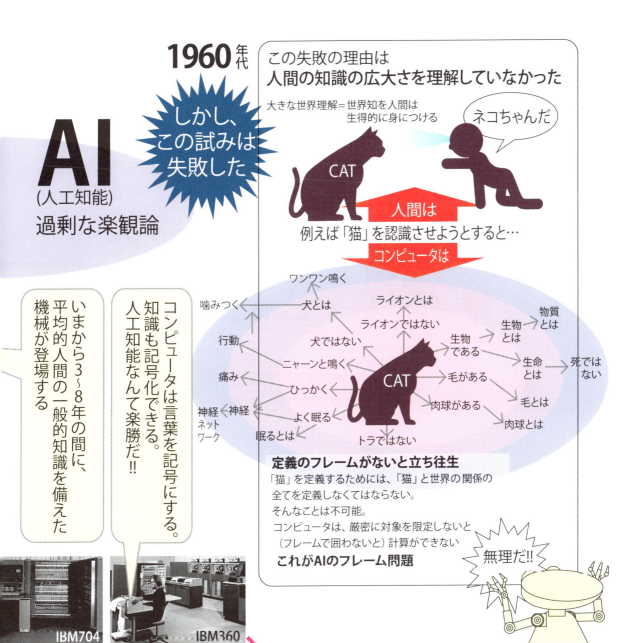

例えば1匹の猫がいます。人間の乳児は、まず生物としての猫を認知して、その属性を自然に学び、猫という言葉を覚え、猫についての概念を身につけていきます。

同じことをコンピュータにさせたとします。「ねこ」という名称は記号化できても、それは実際の猫と関係ありません。コンピュータに猫という生物の概念をもたせるためには、生物としての猫に関するあらゆる属性を記憶させる必要があります。それは、この世界の全ての知識を与えることでもあります。そこには連綿とした知の網の目があり、枠（フレーム）がありません。それに対し、AIは枠内での処理しかできないため、これをAIの「フレーム問題」と呼ぶようになりました。人間なら乳児でも簡単にできることが、コンピュータには果てしなく困難であることを、AI研究者ハンス・モラベックの名にちなんで「モラベックのパラドックス」とも呼び、現在にまで続くAI研究の難問として、いまだ解決していません。

Part 1 AIの歴史 2
冷静になった科学者たちはエキスパートシステムで再起を図った

1970年代 AIに対する過大な楽観論への反省が起こる

フレーム問題を回避して、コンピュータが、もっと簡単にできることからやろうよ

エドワード・ファイゲンバウム(1936〜)
スタンフォード大学の知識システム研究所を設立。「エキスパートシステムの父」と呼ばれる

例えばゲームAIに特化する

チェスとか、ルールの決まったものは得意さ

それは、人間がルールを決め、そのルールでコンピュータが働くシステム

1962年頃、アメリカで産業用ロボット誕生 → 日本で産業用ロボのブームが起きる

AIが得意とする専門知識に特化

ダートマス大学での熱狂は、あえなく去りました。コンピュータに人間の知能をもたせるというアイデアは、人間の知識には果てがないという世界理解のフレーム問題を前にして、行き詰まったのでした。

そんなAI研究退潮の時代に、より現実主義的な研究者たちが登場しました。カーネギー工科大学出身のエドワード・ファイゲンバウムがその代表です。彼はコンピュータに人間の一般常識をもたせるような苦手なことをさせずに、もっと得意なことをさせるべきだと考えました。それは何かといえば、計算と推論です。

彼はまず光の波長を分析して、その物質が何の化合物かを特定するシステムを考案します。このように極めて狭い専門分野の知見の中で、ある条件の測定結果があれば、これは○○ではないか?というルールベースの推論を重ねて答えを導くことができる。そんな人工知能を考えたのです。このような推論思考は、人間で言えば、特定の領域の専門家(エキスパート)がもつものでした。その能力をコンピュータが代替できると考えた人々は、このシステムをエキスパートシステムと呼びました。

1980年代には、このエキスパートシステムの大ブームが起きます。全世界でエキスパートシステムを開発するベンチャー企業が誕生し、何千ものシステムが開発されました。事務計算、販売支援、建設管理、物流、天気予報、工場生産設備などなど、その応用も産業界全体に広がりました。

しかし、膨大な専門知識を入力する作業は人間の手で行うため、多大な労力が必要でした。そして、すぐに失望が訪れます。ここでも同じ問題が生じました。コンピュータはルール化された情報しか処理できないというAI研究の二度目のつまずきです。

1980年代 エキスパートシステムとは

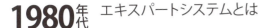

- 様々な領域のエキスパートたちの知識をデータ化して利用しよう
- 専門領域別の知識データベース
- 推論システム
- インターフェース
- 質問／回答
- しかし、人間の質問には、定型を外れた「例外」が多い
- ルールベースの推論では、この「例外」に答えられない

1990年代

失望 → AIは冬の時代に

日本で進化した産業用ロボット

人間の思考は、無数の例外の集積ともいえます。厳密なルールの外側に存在する多様な質問に、このシステムは有効な答えを返すことができません。産業界の期待が大きかった分、その失望も大きく、AI研究への反動も深刻なものでした。AI研究は長い冬の時代を迎えることになります。

そんな時の趨勢をよそに、日本では静かな変革が起きていました。1970年代に始まった産業用ロボットと人間型（ヒューマノイド）ロボットの開発です。日本の得意とする製造技術と、コンピュータによる電子回路の制御技術が融合し、メカトロニクスの製品が作られ、その技術は物作りの現場に、物を製造するロボット、即ち産業用ロボットを登場させます。物作り大国、日本を支える産業用ロボットは、1980年代には最盛期を迎えていました。

AIの不振をよそに日本ではロボット研究が世界最先端に

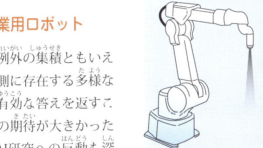

1973年

世界初塗装ロボ誕生
世界で最初に、日産自動車とトヨタ自動車の工場に、スポット塗装ロボットが導入された

ヒューマノイドロボット誕生
音楽を演奏するWABOT-2号
早稲田大学理工学部の研究室で、故加藤一郎教授を中心に、世界で最初の人間型のロボット(WABOT-1)を製作

汎用産業ロボットに進化
6軸ロボット
6つの関節で腕を自在に動かし、様々な作業を一台でこなす汎用産業ロボットが誕生する

二足歩行ロボットに進化
ASIMO
2000年代
本田技術研究所は1986年より二足歩行ロボットの研究を始め、「ASIMO」に結実する

11

AI冬の時代に機械学習が地味に進化しビジネスでの実用化が始まった

AI低迷期に起こった技術革新

　エキスパートシステムの限界につまずいたAI研究は、それから長い冬の時代に入ります。研究機関や企業からの研究費が断たれた研究者たちは、それでも進むことをやめませんでした。それぞれが専門の研究領域に徹して、課題解決に専念します。

　この時期は、1980年代後半から始まった、コンピュータの技術面での大きな変革期でもありました。アメリカのアップル社に始まるパーソナルコンピュータの出現と、それを可能にしたCPU（中央処理装置）の飛躍的な性能向上、そして低価格化です。かつてのワークステーションを、個人が持てるようになったのです。

　1990年代に起こったもうひとつの変化は、より本質的なものでした。インターネットの登場です。インターネットが民間に開放され、そのネットワーク間で画像などをやりとりするブラウザーが誕生。アメリカのマイクロソフト社は、インターネットと接続できる

1990年代 弱気な研究者たち

- もうAIと呼ぶの止めようよ
- 研究費が出ないし
- そうだねもっと実用的な研究をしよう

AI冬の時代

2006年 2006年AI冬の時代に救世主が現れる

ジューディア・パール（1936~）
UCLAの計算機科学、統計学の教授を務める。人工知能研究を、物事の因果ではなく、物事を確率論的に推論する数学モデルで大きく飛躍させた

コンピュータは確率計算で、正しい結論にたどりつく

これまでのコンピュータの推論方法

構文 **バラの花は　赤い** を作る

- 百合ではない
- バラ科の植物
- バラの香り
- 赤バラ
- バラの騎士
- ベルサイユのばら
- バラには棘がある
- バラ色の人生

バラという語が意味することを全て記号化する

- 黒ではない
- トマトは赤い
- 赤い日の丸
- 赤信号
- 赤点
- 赤っ恥
- 赤は暖色

この方法で正しい構文を作るのは困難

バラの花　は　赤い
p9のフレーム問題を参照

そこでパールは確率的な推論法を考えた

バラの花　は　〇〇

ここに入る言葉を確率的に求めた

バラの花は
：
高貴な花
：
赤い → バラの花は赤　　出現確率80%
黄色い → バラの花は黄色　出現確率11%
白い → バラの花は白　　　出現確率 9%
：
春に咲く
：

出現確率の高い言葉に絞り込んで正解を求める

バラの花は赤

ウィンドウズ95を世に送り出します。
　コンピュータの演算能力の飛躍的向上と低価格化、そのコンピュータを全世界レベルで結びつけるインターネット、この3つがAI研究を新しいステージに導きます。

パールの確率論から機械学習へ

　その頃、AIの研究者たちは、それぞれの現場でAIの推論ロジックの高度化を模索していました。彼らを導いたのは、アメリカの計算機科学者ジューディア・パールが提唱した確率論的AIの推論ロジックでした。極めて大雑把にいえば、正しい結論に至るための道筋を確率的に求めようというもの。膨大な事象から、正解に至るために論理的に思考するのではなく、確率的なグループ分けを繰り返し、その分類の過程で正解に最も確率的に近い結論に絞りこんでいこう、というものです。

　このAIの推論ロジックは「機械学習」と呼ばれます。機械学習の精度を上げるポイントは、確率の精度を上げる膨大な事例参照の計算です。この作業にコンピュータの演算能力の飛躍的な向上が貢献しました。

　機械学習のAIは、AIと呼ばれることもなく、様々な業務システムに採用されていきます。その機械学習が実力を発揮したのは、アメリカIBM社のスーパーコンピュータ「ディープ・ブルー」が、チェスの世界チャンピオンに勝利した瞬間でした。AIに再び光が差し始めました。

コンピュータの機械学習が始まる

- インターネットの普及 → 大規模データの活用が可能に
- CPU演算素子の性能の高度化 → 演算能力の高速化
- 推論システムの高度化 → ニューラルネットワークの誕生

2000年代
AI研究に必要な3つの外部条件が整った

コンピュータの性能はなんと100兆倍になる

教師あり機械学習	教師なし機械学習	強制学習

沢山の中から答えを見つける / なにが問題かを自分で判断し、答えを見つける / 多くの試行錯誤から、正解を見つける

1997年 人工知能がチェスの世界チャンピオンに勝利

IBM ディープ・ブルー VS ガルリ・カスパロフ（負けた）

両者は2度対戦し、1996年にカスパロフが勝利。翌年、世界で初めてコンピュータが世界チャンピオンを破った

AIの歴史

ディープラーニングの登場が AIを再び表舞台に立たせる

Part 1 AIの歴史 4

人間の脳の働きが解明されつつあり、その成果がAI研究を推し進めている

1906年 ニューロンが発見された
カミッロ・ゴルジ (1843〜1926)
ゴルジがニューロンを可視化した

1909年 大脳の機能地図が作られた
コルビニアン・ブロードマン (1868〜1918)
脳の活動領域を特定する地図を作る

1992年 fMRIが開発された
安全に脳の活動を画像で捉えることを可能にした

2014年 光トポグラフィが開発された
近赤外線を使い脳の働きをリアルタイムで捉える

アントニオ・R・ダマシオ (1944〜)
南カリフォルニア大学に「脳と創造研究所」を設立。現在最も影響力を持つ脳神経・心理学者。主著に『感じる脳 情動と感情の脳科学』『無意識の脳 自己意識の脳』など多数

脳科学のニューロンの研究を応用して、パーセプトロンが誕生した

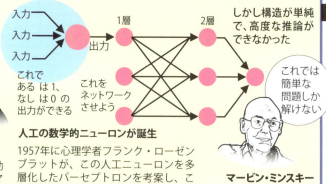

1940年代、脳神経学は脳への電気刺激によって、身体活動と脳の仕組みを少しずつ解明してきた。その過程でニューラルネットワークが発見される

この仕組みをコンピュータに使おう!!

フランク・ローゼンブラット (1928-1971)
コーネル大学に勤務。後に対立するマービン・ミンスキーとは高校の同級生

入力→出力
これである は1、なし は0の出力ができる

これをネットワークさせよう

人工の数学的ニューロンが誕生
1957年に心理学者フランク・ローゼンブラットが、この人工ニューロンを多層化したパーセプトロンを考案し、これで思考するコンピュータの原型ができたと考えた

しかし構造が単純で、高度な推論ができなかった

これでは簡単な問題しか解けない

マービン・ミンスキー (1927〜2016)
人工知能の父

人間の脳を模したAIモデル誕生

　AI研究を新しいステージに進めたのは、機械学習のひとつ「ディープラーニング（深層学習）」の登場でした。この学習法は、人間の脳神経回路を摸したニューラルネットワークと呼ばれる計算モデルをもとにしています。

　実はこのニューラルネットワークは、AI研究の黎明期にあたる1957年に、すでに誕生していました。生物脳のニューロン（神経細胞）は電気刺激を受け、その値の和が一定量を超えると、0か1の情報として出力します。この最小の単位をいくつか重ねることで、人間の思考をシミュレーションできるのではないか。そう考えたアメリカの心理学者ローゼンブラットが考案したのが、パーセプトロンと呼ばれる人工知能モデルでした。

　しかし初期のモデルは単純な構造で、期待された働きができませんでした。これでは小学校の算数すら解けない。そう批判したのが、ダートマス会議出席者の1人であり、「AIの父」とも呼ばれるミンスキーです。失意の

「中間のパーセプトロンを増やせばいいんだ。これで立派なロジック回路になる」

ジェフリー・ヒントン
(1947~)
イギリス出身で、認知心理学からコンピュータ科学へ。ニューラルネットワークへの新しい知見は、深層学習へと繋がり、AI研究に新しい地平を築いた

「2045年までに人工頭脳の知能は人間を超えるだろう」

レイ・カーツワイル
(1948~)
MIT在籍時からコンピュータの技術開発で才能を発揮。独自の技術開発会社を設立し、数々の発明を世に出す。シンセサイザーの発明も。Google社のAI開発を指導する

この2人によって、AI研究は飛躍する

50年後、ヒントンによってパーセプトロンが再発見されディープラーニングの時代へ

ニューラルネットワークの深い層での学習がディープラーニングだ

入力 → → 出力

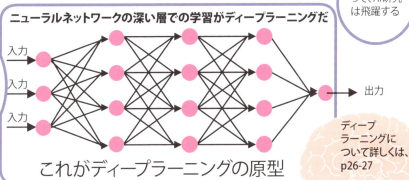

これがディープラーニングの原型

ディープラーニングについて詳しくは、p26-27

2012年

Googleが開発するAIが、YouTubeで配信される無数の動画から、猫の認識に成功する

2014年

Googleが開発する自動運転車が、70万マイルの公道走行試験を実施した

2017年
facebook
新規開発したチャットボット同士の会話で、AIが独自の言語を生み出した

2022年
オープンAIによって大規模言語モデルが稼働し自然言語自動生成システム**ChatGPT**が発表された

アメリカの大手IT企業がAI研究に邁進する

ローゼンブラットは、その後事故で世を去り、パーセプトロンの研究は下火となりました。

ディープラーニングの時代へ

このパーセプトロンのもつ可能性に、再び目が向けられたのは、21世紀を迎えてからのことでした。のちにディープラーニングの旗手と謳われるジェフリー・ヒントンが、パーセプトロンの組み合わせを多層化し、それぞれのユニットに情報のフィードバック機能をもたせることに成功。これが、人間同様に多層的な情報から物事を認識する「ディープラーニング」の始まりです。

折から、アントニオ・ダマシオに代表される脳神経学者が、fMRI（機能的磁気共鳴画像法）などの新技術を使い、人間の脳の認知機能の構造解明を進めていました。この脳科学の知見を組み込んで多重化されたニューラルネットワークは、画像認識の実験で人間を上回る精度を発揮。グーグルやフェイスブックなど、アメリカの大手IT企業が、こぞってAI分野に参入し、AI研究は新時代を迎えます。

人間の脳のコンピュータ・モデル化
その先にあるのが「強いAI」なのか

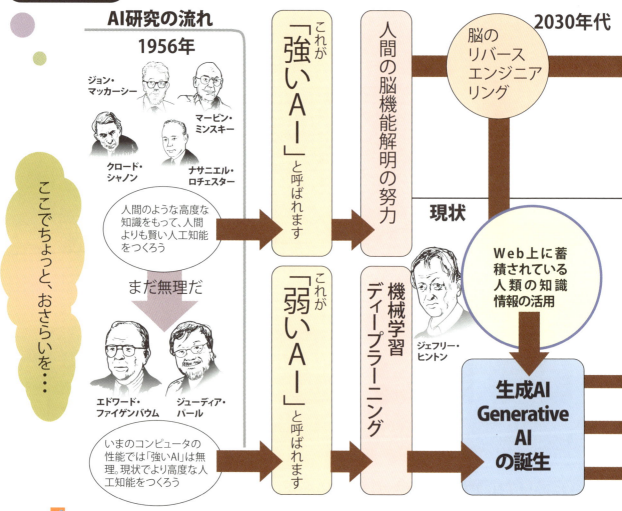

「強いAI」と「弱いAI」

　研究開発の場では、AIは2種類に分けて論じられています。「強いAI」と「弱いAI」です。「強いAI」とは、人間と同じような高度な知能をもち、自ら思考するAI。最初期の研究者がつくろうとしたのは、この「強いAI」でした。一方、「弱いAI」とは、その試みが頓挫し、コンピュータの能力に合わせ、実現可能な目標に向けて開発されたAI。特定の分野には強くても、人間のような幅広い知識はなく、自ら思考することはできません。

　では「強いAI」がもつ知能とは、どのようなものなのでしょう。ここで簡単に、コンピュータと人間、それぞれの強みを整理してみましょう。まずコンピュータは、圧倒的な計算力、その速度、精度、そして獲得した情報を共有する能力に優れています。一方の人間には、自分の周りにある複雑な世界をほぼ直感的にとらえ、連鎖的に思考を膨らませていく力があります。コンピュータが最も苦手とする「フレーム問題」がこれです。

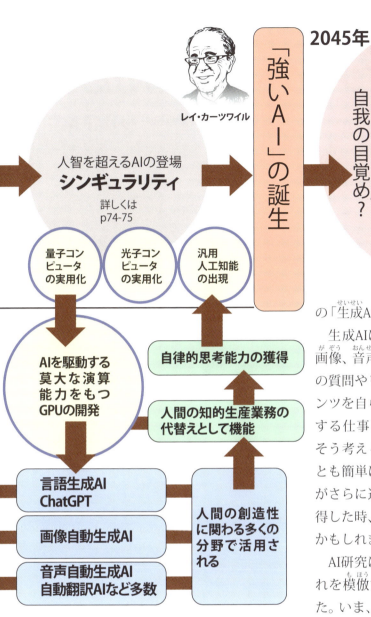

の「生成AI」です。

生成AIは、膨大なデータを学習し、文章、画像、音声などを生成します。それも、人間の質問やリクエストに応じて、新しいコンテンツを自ら創作するのです。創造性を必要とする仕事は、人間にしかできない。長い間、そう考えられていましたが、その認識が、いとも簡単に覆されてしまったのです。生成AIがさらに進化し、自律的に思考する能力を獲得した時、「強いAI」に一歩近づくことになるかもしれません。

AI研究は、人間の脳の仕組みを解明し、それを模倣することによって発展してきました。いま、AI研究者たちは、脳全体をリバースエンジニアリングし、コンピュータ・モデル化することに挑んでいます。人間の思考モデルとコンピュータのもつ圧倒的な計算速度が融合する「強いAI」の誕生は、決して夢物語ではありません。2045年までには、AIが人間の知能を超えるシンギュラリティ（技術的特異点）に到達する、ともいわれています。

しかし、AI研究者たちの前には、最大の壁が立ちふさがっています。人間のように考えるAIは、人間のように「自我」をもち得るのか。その答えはまだ誰にもわかっていません。

この人間のもつ能力をコンピュータに移し替え、コンピュータの圧倒的な計算力と融合させれば、人間を超えたAIが誕生することになります。これこそが、AIの研究者たちが夢見る「強いAI」なのです。

生成AIの登場は「強いAI」への一歩？

現状のAIは、まだ「弱いAI」ですが、前項で見たディープラーニングによって、急速な進化を遂げています。なかでも注目を集めているのが、2022年に公開されたChatGPTなど

Part 1 AIの歴史 6

進化するAIは、私たちの明日にどんなインパクトを与えるのだろうか

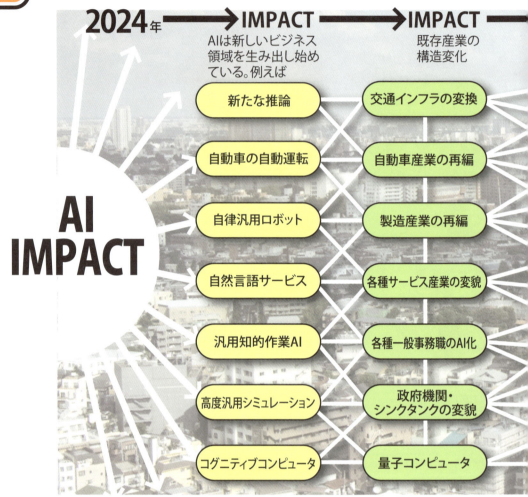

AIが人間社会に与える変化の連鎖

　私たちの社会は、これまで何度も、科学者の獲得した新しい知見が生み出した思想や技術によって、様々な変化を経験してきました。電気エネルギーと内燃機関が、人間の移動と都市のあり方を変えたように、AIの登場は、それ以前のテクノロジーによって構築された、人間の社会インフラにインパクトを与えようとしています。

　ただ、AIによるインパクトには、これまでの技術がもたらしたものとは、大きく異なる要素があります。それは、インフラどころか人間そのものに大きく作用することです。人間の脳がもつ思考力さえもが、AIに置き換えられる可能性があるのです。

　思考ルールが定型化でき、目標が明確な事務仕事は、人間よりコンピュータが得意とするものです。従来はホワイトカラーが担っていた事務職がAI化されることは、必然とされています。それにとどまらず、AIが膨大で雑多な世界規模のデータから、人間の頭脳では察

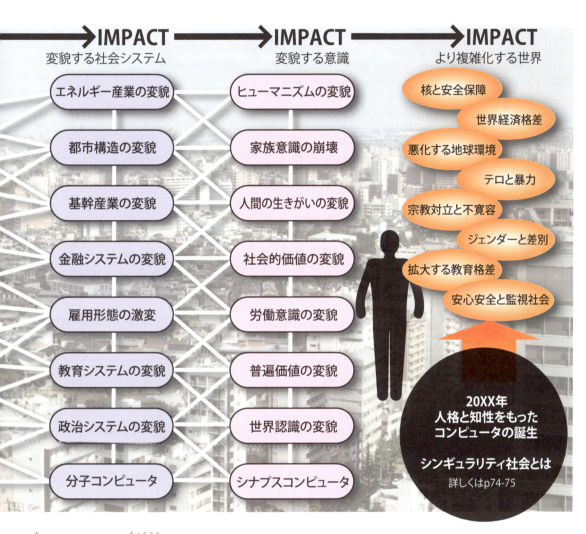

　知できない変化の兆候を選び出し、自らを再編集し、その結果、現実の人間社会を変貌させる、そんなSF小説のような出来事も起こり得るのです。
　産業界では、AIは究極の効率化を実現するツールとして、様々な現場に導入されるでしょう。そのインパクトが、どのように波及していくのか、その網の目のような変化の連鎖を示したのが上の図です。
　初期段階では、AIは個別の事業シーンに組み込まれ、その事業が属する産業の構造にインパクトを与えます。そこで変化した産業構造は、より上位構造の社会システムにも変化の圧力を加えることでしょう。その結果、社会を構成する私たちの意識も変貌していくことになります。
　こんな変化が今後20〜30年かけて進行していくとすれば、その結果はどうなるのでしょうか。AIの能力が完全に人間を凌駕して、生物的限界を超えた時、いま人類が抱える複雑な世界の問題は、どのように変貌しているのでしょうか。

AIの歴史

19

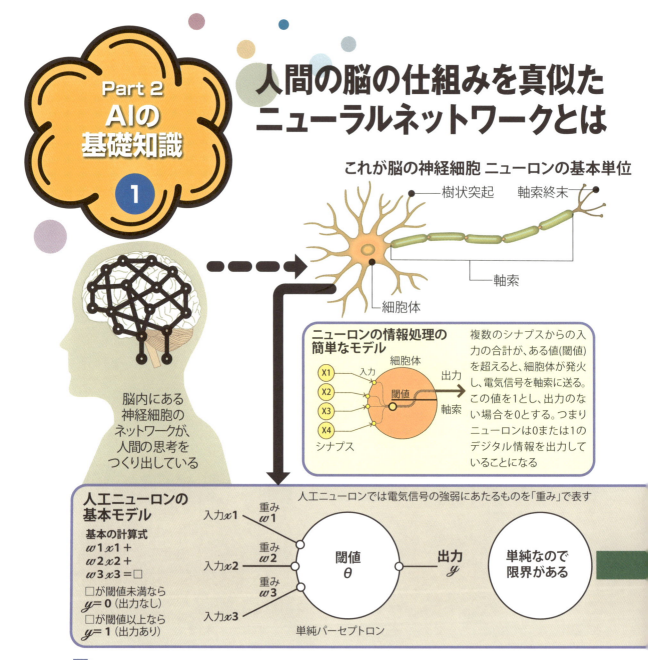

脳神経細胞が情報を伝える仕組み

AI研究の始まりは、人間の脳神経ネットワークが発見されたことが、ひとつのきっかけでした。これを機械的に再現して、人間のように思考するAIをつくろうとしたのです。

人間の脳には、無数のニューロン（神経細胞）があり、結びついてネットワークを構築しています。ニューロンは普通の細胞と違い、細胞体から樹状突起と呼ばれるものがいくつも突き出し、軸索というしっぽのようなものを伸ばしています。この形は、別のニューロンと電気信号をやりとりするためのもので、樹状突起は入力、軸索終末は出力を担当します。

では、電気信号はどのように伝わるのでしょう。右上中段の図に示したように、まず、樹状突起がほかのニューロンから信号を受け取ります。信号が弱ければ何も起こりませんが、複数の信号が加算されて、閾値（一定の値）を超えると、信号は軸索を下って次のニューロンへと出力されます。つまり、出力がなければ0、あれば1。デジタル信号と同じです。

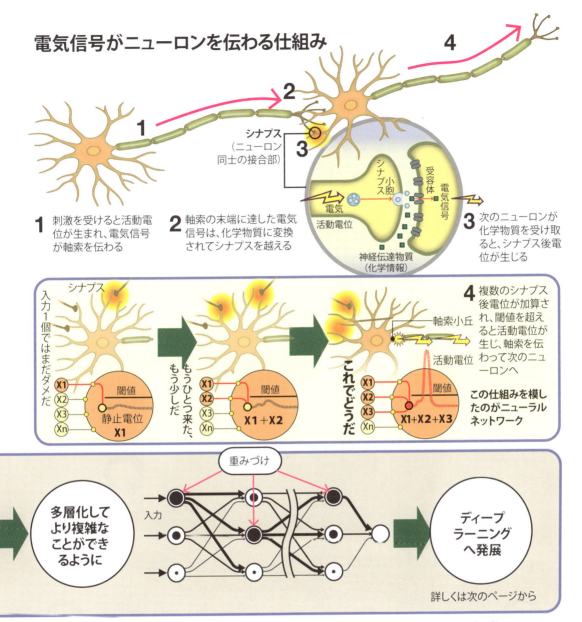

人工ニューロンの単純モデル

このニューロンの基本的な機能を模したのが、人工ニューロンモデルです。信号の強弱を、ここでは「重み」で表します。「重み」というのは、情報の重要度に応じて設定される数値のこと。重みが加わった複数の信号の和が閾値を超えると、出力する仕組みです。

ひとつひとつのニューロンの働きは単純ですが、人間の脳内では多数集まって連携することで、認識、記憶、判断など複雑な処理を行います。それと同じことを再現するため、人工ニューロンをいくつもつなぎ合わせたニューラルネットワークが生まれました。最初は単純なパーセプトロンから始まり、多層化することによって精度が向上。複雑な処理が可能となり、人間の脳に迫りつつあります。

ただ、忘れてはならないのは、人間の脳は電気信号だけで動いているわけではないということ。電気信号の伝達には、イオンや化学物質も関与しますし、脳は身体とも連携しています。生物と機械の違いは、ここにあります。

AIの基礎は「教師あり学習」大量のデータを分類・整理

AIに先に正解を与える学習法

前項では、AIの仕組みの基礎は、人間の脳神経ネットワークの構造を模したニューラルネットワークであることを見てきました。

では次に、ニューラルネットワークが、どのようにして人間の脳のような働きをするのか、その仕組みの概略を追ってみましょう。

例えばあなたがテレビ局の新米スタッフで、「発掘昭和歌謡の大スター」という新しい番組の準備をしているとします。

まずすべきことは、テレビ局資料の中から、番組で取り上げる歌手の素材を歌手別に分類整理して収集することです。幸いプリント写

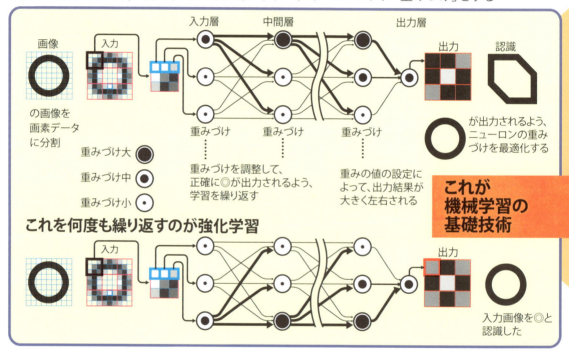

AIの機械学習その1・教師あり学習
例えば◎を認識する方法とは、ニューラルネットワークのニューロンに「重みづけ」をする

これが機械学習の基礎技術

真もデータ化されていますが、それでも1枚ずつ確認していたら何日もかかるでしょう。

そこでAIの出番です。しかし、AIを働かせるには準備が必要です。例えば昭和のアイドル歌手、山口百恵の写真を収集するには、AIにあらかじめ山口百恵の顔を覚えさせます。つまりAIに、先に正解を教えて、AIが間違いなく膨大な資料の中から山口百恵を選択でき

るように学習させる必要があるのです。これを「教師あり学習」と呼びます。

「重みづけ」によって学習強化

上の図は、この「教師あり学習」の仕組みを単純化したものです。

最も簡単な円形をAIに画像認識させるとします。円形の画像は細かな画素に分解され

ニューラルネットワークがもっと賢くなる方法は機械学習

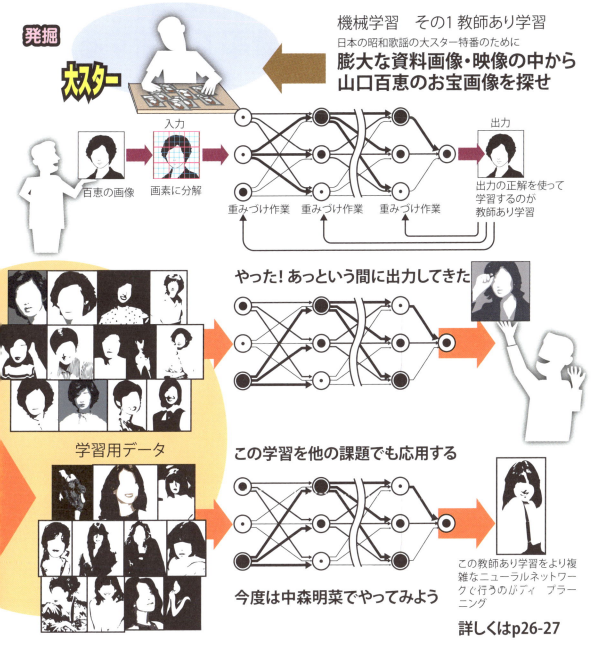

て、ニューラルネットワークに入力され、AIの頭脳部分の中間層を通して、出力層で再現されます。しかし最初にAIが出力したのは、変六角形でした。AIが誤認識したのです。

　ここからが機械学習です。出力層からネットワークを逆にたどり、正解の円形の情報と出力された答えとの誤差が小さくなるように、ニューロンごとに「重み」の調整をしま

す。これを「重みづけ」といいます。この「重みづけ」を繰り返し、AIが常に正解を出力できるよう教育していくのが、機械学習の一種、「強化学習」です。

　この強化学習が済めば、AIは無数の雑多な画像の中から、山口百恵の画像を数秒もかからずに選び出します。同じ手順でAIは中森明菜の画像も造作なく集めてくれるでしょう。

AIの基礎知識

次の段階は「教師なし学習」
データを分類し確率で判断する

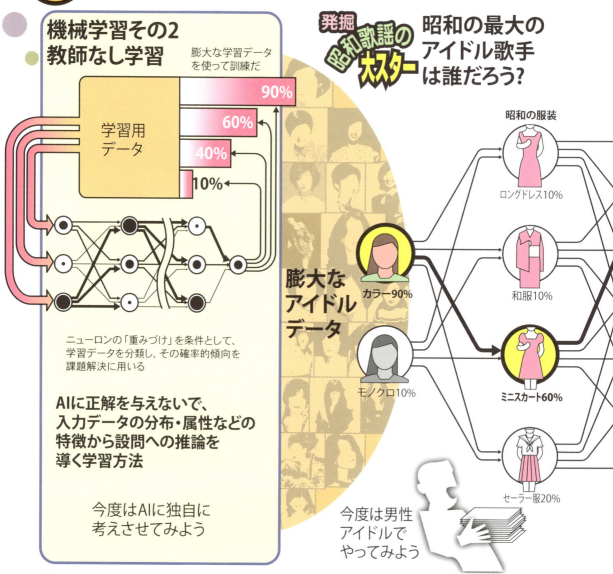

AI自ら答えを見つける学習法

　新米スタッフのあなたに、新しい仕事の指示がきました。昭和期に活躍した数多くの女性アイドルの中から、典型的な1人を適正な根拠で選ぶというものです。
　昭和の女性アイドルの特徴とは何か。その特徴を最も多く持つ人が答えになるはずです。

　ここでもAIを使います。しかし今回は正解がないため、教師あり学習は使えません。ここで使われるのは「教師なし学習」です。膨大な学習データを使って、AI自身に正解を見つけさせる学習法です。
　AIのニューラルネットワークの重みづけを使い、昭和アイドルのデータを様々な要素でAIに分類させ、その属性の確率が最も高いア

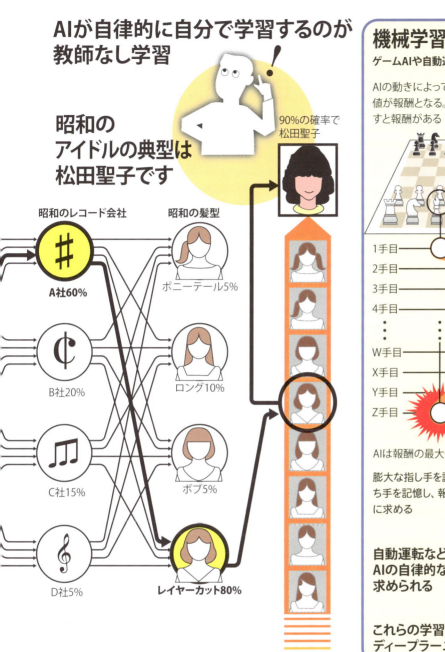

イドルを選び出してみました。ここでは極めて単純化した仕組みを図示しています。図解中の数字も仮のものです。

　まず昭和アイドル全盛期の写真は、モノクロではなくカラーでしょう。その確率は90%以上。次にアイドル・ファッションを分類すると、ミニスカートをはいていた人が最も多く、確率は60%でした。このように特徴が似ているものを集めて分類することをクラスタリングといいます。さらに、所属レコード会社の販売データ、ヘアスタイルなど、様々なクラスタリングを繰り返し、AIは最終的に松田聖子を選び出しました。

　AIは内容を理解して結論を出すわけではありません。全体を見て確率で判断し、答えの可能性をしぼりこんでいるのです。

自ら試行錯誤して学習する「ディープラーニング」

ニューラルネットワークを多層化

AIを急速に進化させたのが、機械学習のひとつ、ディープラーニング（深層学習）。多層構造をもつニューラルネットワークを基本とし、膨大なデータから自動的に特徴を見つけ出し、AI自ら学習する技術です。

ニューラルネットワークの単純モデルは、1950年代に誕生していましたが、期待された成果を上げられず、長い間、忘れられた存在でした。そんな中、1人ニューラルネットワークの研究を続けたのが、のちにディープラーニングの父と呼ばれるイギリス出身のAI研究者、ジェフリー・ヒントンです。

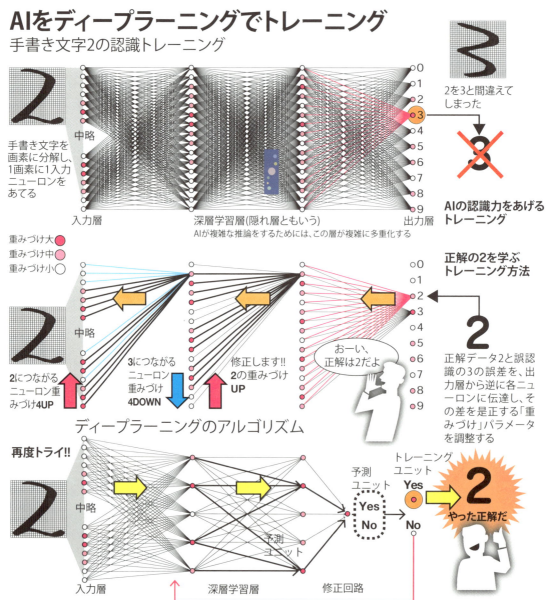

初期のニューラルネットワークは単純すぎるため、中間層をより多層化し、誤りを訂正するフィードバック機能を加えれば、飛躍的に進化する。ヒントンはそう信じていました。

やがて追い風が吹き始めます。AIに学習させるための膨大な素材が、急速に発展したインターネットを通じて入手できるようになり、さらには、その膨大な素材を処理できる高性能で安価なコンピュータが普及したのです。

2012年、ヒントンが2名の助手と開発した多層ニューラルネットワークは、物の形態を認識して、高い精度で再現することに成功します。同年にはグーグル社も、同様のニューラルネットワークを用いて、有名な猫の画像認識実験に成功。ユーチューブの中の猫の画像から、その微細な形態的特徴をとらえ、猫の画像を再現しました。これが、ディープラーニング時代の幕開けでした。

AI開発に貢献したヒントンは、グーグル社に引き抜かれますが、2023年に退社。その理由は、発達しすぎたAIの危険性を、自由な立場で訴えるためだったといわれています。

このシステムは他にも応用できるぞ
もっと複雑な画像でやってみよう

2012年
AIが猫の画像認識に成功する

入力
入力
入力

Google社のAIが、YouTubeの画像から猫の認識に成功した

これは
猫だ
CAT

ディープラーニングが切り開いたAIの可能性

画像
テキスト
リアルタイム映像

マルチモーダル
(形式の異なるデータ)に
様々なデータを一元的に
処理できるAI

音声

各種データ
映像

ニューラルネットワーク
ディープラーニング

自然言語の処理 → ChatGPTの登場

自然なチャットボットの登場

大規模言語モデルLLMの登場

高度な画像処理 → 画像生成AIの登場

新しいAIの展開領域

AIの基礎知識

Part 2 AIの基礎知識 5

ChatGPTの登場によって注目を集める生成AI

オープンAI社の挑戦

2022年11月、アメリカのオープンAI社のCEOサム・アルトマンが、言語生成AI、ChatGPTを公開。その発表を、イーロン・マスクはどんな気持ちで聞いたでしょう。

この7年前、2人は非営利法人オープンAI社を設立。電気自動車のトップメーカー、テスラ社のCEOマスクと、まだ30歳ながら天才的IT投資家だったアルトマンは、「AIの発展を全人類に利益をもたらす方法で進め、AIの可能性と危険性を十分に理解し、技術の公平な普及を求める」という理念を共にして、AI研究の最先端の道を切り開き始めました。

イーロン・マスク
テスラ、スペースX
経営者

サム・アルトマン
起業家・投資家

人類に貢献する安全な汎用AIをつくろう

オープンAIは設立時の理念から遠くなった

2018年
イーロン・マスク
オープンAIを離れる

**2015年
オープンAIを
非営利法人として設立**
政治や企業から自由な社会貢献を目指した

2019年
マイクロソフトが10億ドルを投資した

グレッグ・ブロックマン
元Stripeの技術担当役員

**2022年
言語生成AI
ChatGPTを公開**

イリヤ・サツケバー
ジェフリー・ヒントンの教え子

- 文章の自動ライティング
- 文章データの概略・要約
- データ資料の分類・分析
- 企画アイデアの抽出
- 文章の多言語翻訳など

ChatGPT
の出現で
社会に起こる
明と暗

明

- 個人の知的生産性の向上
- 管理・運用事業の効率化
- 個人の創造性の拡大

しかし、その後、マスクは離脱。アルトマンは子会社の営利法人を設立し、マイクロソフト社から莫大な投資を受けました。「当初の理念から遠い組織になった」とマスクが去っていった理由は、ここにあるかもしれません。

生成AIブームの先駆け

ChatGPTは、画期的な対話型AIです。テキストや音声で人間と対話するチャットボットは、1960年代からありましたが、特定の内容に答えるものがほとんどでした。それに対しChatGPTの知識量は膨大で、どんな問いかけにも、滑らかな文章で的確な答えを返してきます。ビジネス文書やニュース記事も書き、長文の論文も的確に要約してくれるのです。

このChatGPTの登場によって、生成AIが一躍脚光を浴びるようになりました。「生成AI（Generative AI）」とは、大量のデータを学習することで、新しいコンテンツを自動で生成するAI技術。文章だけでなく、画像、映像、音声などが、素人でも簡単に作成できるようになり、AI新時代が始まったのです。

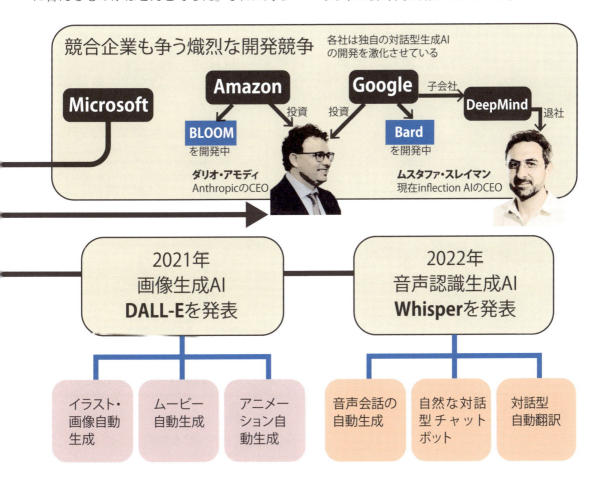

人間のように言葉を操る ChatGPTの仕組みとは

単語の穴埋めで文章を構築

ChatGPTは、まるで人間のように自然な言語で受け答えをします。ついにAIは人間の知能を獲得したのでしょうか。

結論から言うと、ChatGPTは、まだ人間の言葉の意味を理解しているわけではありません。では、どうやって自然な言葉を操ることができるのでしょうか。その仕組みを、極めて大雑把に見てみましょう。

ChatGPTは、チャット（対話）機能とLLM（大規模言語モデル）を組み合わせたもの。LLMとは、膨大なデータとディープラーニングを用いた言語モデルです。GPTはオープン

ChatGPTの仕組みは意外と簡単!?

ChatGPTは、文章の次に続く単語の出現する確率を、膨大な文章サンプルを参照し、出現確率の高い単語を選び出し文章を繋げていく

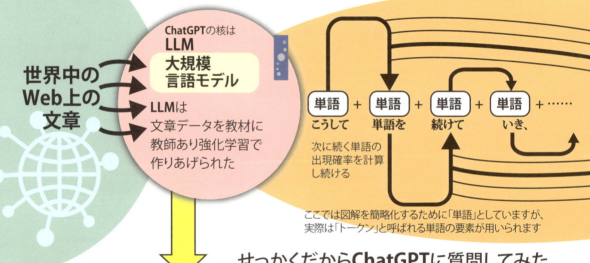

せっかくだからChatGPTに質問してみた

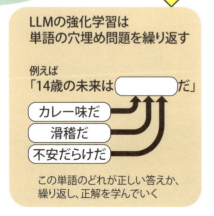

Q 世界の14歳が抱える悩みとは?

A 世界中の14歳が抱える悩みは多岐にわたりますが、いくつか一般的な悩みを挙げると、

1. 学業と将来への不安: 学業のプレッシャーや進路選択、将来の不確実性についての不安があります。彼らは、自分の能力や興味に合った適切な進路を見つけることに不安を感じることがあります。

AI社が開発したLLMの名称で、現在のところバージョン4まで進化しています。

　研究者たちは、まずLLMに膨大な文章を覚えさせ、強化学習を続けます。その方法は、簡単に言えばp30左下に示した「単語の穴埋め問題」の繰り返しです。文章の空欄にどの単語が入るのか、出現する確率の最も高い単語を選択します。この正解に至る過程で、ディープラーニングの「重みづけ」の調整を続けます。この調整をパラメータと呼び、最新のGPT-4は7000億個のパラメータをもつ

と推測されています。こうしてLLMは、膨大な学習の記憶から、単語から次の単語へと出現確率の高い最適な単語を選び、さらに次の最適な単語へと文章をつなげているのです。

　このプロセスをもってして、AIはまだ言葉を理解できない、という意見とは別の可能性を見る研究者もいます。人間が言葉を覚える過程も、これと同じではないか。幼児は言葉の意味を理解する前に、連続する音の構造で覚えていくのだと。ChatGPTによって、逆に人間の言葉の研究が進展するかもしれません。

ChatGPTは、人間よりも優秀な文章力・判断力を示した

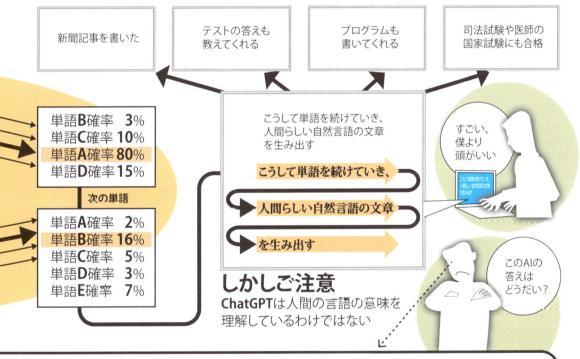

2.
社会的圧力と関係の悩み: 同世代や友人との関係、恋愛、友情、自己表現などの社会的な圧力や関係の悩みがあります。特にソーシャルメディアの影響により、自己イメージや他者との比較によるストレスが増していることがあります。

3.
家族関係の問題: 家族との関係に関する問題や家庭内の不和、親とのコミュニケーションの困難さなどがあります。家庭環境が安定していない場合、学業や精神的な健康に影響を与える可能性があります。

4.
身体的・精神的健康への懸念: 身体的な変化や健康上の問題、ストレス、不安、うつなどの精神的な健康への懸念があります。特に青年期は心身の変化が激しい時期であり、それに伴う悩みが多いです。

5.
社会的不安と世界の問題への懸念: 格差、差別、紛争、テロ、気候変動など、世界の問題に対する不安や無力感があります。彼らは、未来の世界がどのようになるかについて心配することがあります。

これらの悩みは、青年期に特有のものであり、彼らが成長し、自己を発見し、健全な方法でこれらの課題に対処することが重要です。

AIの基礎知識

Part 2 AIの基礎知識 ⑦

画像生成AIを使いこなせば誰でもアーティストになれる!?

文字入力だけで絵が描ける

　ChatGPTのオープンAI社は、さらにDALL-Eを世に送り出し、世界の人々を歓喜させました。この新しいAIは、絵を描いたことのない素人であっても、描きたいものを文章で伝えると、わずか数十秒でその意図に合った絵画、イラスト、写真などの画像を出力できるという、魔法のようなAIです。

　このDALL-Eは、ChatGPTの築いたディープラーニング技術の発展形であり、扱う素材が言語だけでなく、画像にまで広がったものです。それはどのような技術なのでしょう。

　ChatGPTが、ウェブ上の膨大な文章を読み

僕が突然画家になったわけ

画像生成AIはどうやって

1 AIのトレーニングの準備

素材データの整備

- Web上の画像データの収集
- 画像の特徴をタグ付けする

画像のカテゴリー、構造をAIに記憶させる

2 AIのお絵描きトレーニング

- GAN 敵対的生成ネットワーク
- 拡散モデル 生成ネットワーク

32

こんで記憶したように、DALL-Eもウェブ上にある画像データを収集し、画像の特徴を抽出して分類し、タグをつけて記憶します。

次にAIの画像生成のトレーニングです。ここでも教師ありの強化学習が実行されます。ランダムな画像から、正解となる本物の画像にどれほど似せた画像を生成できるかのトレーニング。または、正解の画像がノイズで壊れ、最小の画素にまで拡散する過程をAIが覚え、その逆の過程をたどって正解の画像を作るトレーニングなどを、膨大な素材を使い繰り返します。さらに、人間の言葉で表現された画像の意図を、記憶した画像素材から抽出するトレーニングも必要です。

こうした学習を積んだAIを使えば、誰でも画家になれるでしょう。しかし、画像生成AIは、登場以来、多くの懸念と反発を招いています。AIが素材として用いる画像は、誰かの創作物であり、著作権によって保護されています。AIが生成した画像は、既存の作品の著作権を侵害する可能性があるため、その判断基準や利用法について議論が続いています。

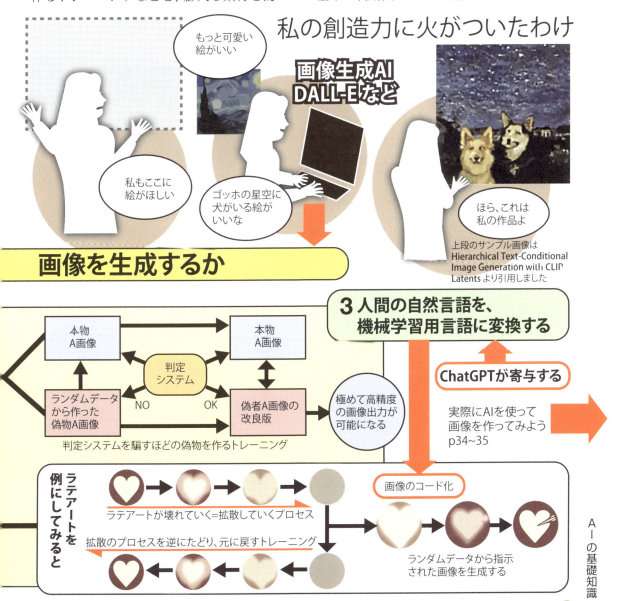

私の創造力に火がついたわけ

上段のサンプル画像は Hierarchical Text-Conditional Image Generation with CLIP Latents より引用しました

AIの基礎知識

33

Part 2 AIの基礎知識 8

画像生成AIを使って本書の表紙を作ってみた

プロンプトの書き方が重要

前項で紹介したDALL-Eだけでなく、現在では様々な画像生成AIサービスが、インターネット上で提供されています。画像生成AIの使い勝手や表現能力は、どの程度のものなのでしょう。そこで、本書のグラフィックデザイナーが、実際に画像生成AIを使って、表紙用のイラストを作成してみました。下に示したのが、制作の過程です。

一般のデザイン作業では、まず、どんなイラストを使うか、イメージを思い描くことから始めます。頭の中にある漠然としたイメージをラフスケッチしてから、具体化していく

1 大まかにデザイン方向をイメージ

前号の感じを継続してビジュアルをAIでやってみるか

デザイナーK氏
年齢？ Mac使いの巨匠

2 どのAIを使うかが問題

Stable Diffusion、
Midjourney、
DALL・E2、
Bing Image Creator、
Adobe Firefly、
Canva、
Novel AI、
AIピカソ、
StableStudio など

●プロの判断基準は
1 数年後に消えていないこと
2 著作権トラブルの危険が少ない
3 デザイン業界での実績
4 データ形式の変換が容易
プロが選んだのは

Adobe Firefly

3 AIに指示を出してみる

具象的なビジュアルを

プロンプト例
生成AIの本を作成しています。表紙のデザインは、AIと人間をテーマに、光と知識を材料にして未来映画のように。できるだけリアルに

まずデザインアイデアを2方向で考えた

プロンプト例
生成AIの本を作成しています。表紙のデザインは、人間のDNAの螺旋構造、ゲノム、アルファベットをマティス風にできるだけ単純化して分布させてください

象徴的で抽象的な方向

4 ドカーンとビジュアルが出力されてきた!!

出来てきたのがこれらの画像。絵はきれいだが…。表紙のビジュアルとして単体で使うにはテーマを表現し切れるか？

このビジュアルを起点にプロンプトを変えて何回も生成

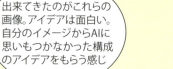

出来てきたのがこれらの画像。アイデアは面白い。自分のイメージからAIに思いもつかなかった構成のアイデアをもらう感じ

のです。しかし、生成AIを使う場合は、どんなイラストにしたいか、最初から具体化して、明確に言葉にしなければなりません。それが、「プロンプト」と呼ばれるものです。

プロンプトとは、AIに与える指示のこと。画像生成に限らず、ChatGPTなどの対話形式のシステムでは、いかに的確にユーザーの意図をAIに伝えるかが重要です。

実は、いつもイメージで思考しているデザイナーにとって、これが最も苦手なこと。試行錯誤してイメージを言語化し、AIに伝えてみます。すると、意図に近い画像がいくつか生成されました。これらを起点に、プロンプトを変えて、何度も生成を繰り返します。

こうしていくつかのイラスト候補が出来上がりました。通常より作業時間が大幅に短縮されたのはもちろん、思いもよらないアイデアがAIから得られました。これも生成AIを使うメリットといえるでしょう。

さて、AIが描いたイラストを使って、どんな表紙が出来上がったか、読者の皆さんはもうご存じですね。

5 では、表紙をデザインしてみよう

6 デザイナーの本当の仕事はここからだ

AIの基礎知識

夢と思われた自動運転車も AIの登場で次のステージへ

IT業界が先行した自動運転技術

2018年に世界で初めて自動運転タクシーを商用化したのは、大手IT企業グーグル社の傘下にあるウェイモ社でした。

車の自動運転技術は、目新しいものではなく、コンピュータの機械制御技術の進歩に合わせて、日本の自動車メーカーも研究を進めていました。ところが、その画期的な成果は、アメリカのIT業界から生まれたのです。

自動運転車のコア技術は、3D画像を超高速処理する半導体にあります。車にとってまず必要なことは、いま道路上でどんな状況にあるのかを知ることです。その情報は、高

Level 1 運転支援 衝突防止機能など

Level 2 特定条件での部分自動運転
高速での運転補助 人間が運転、AIが補助

Level 3 高速渋滞時での自動運転 必要時は人間が運転

車の自動運転のレベルと、世界のメーカーの現在地

スバルはアイサイトを自動運転とは呼んでいない　SUBARU　Audi?　TOYOTA　BMW　NISSAN　Merc

自動運転を可能にする基礎技術
1 高精度3Dカメラ、レーダー技術が必要

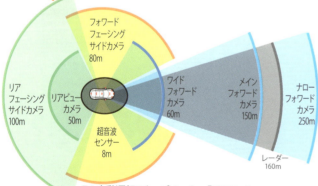

フォワードフェーシングサイドカメラ 80m
リアフェーシングサイドカメラ 100m
リアビューカメラ 50m
ワイドフォワードカメラ 60m
メインフォワードカメラ 150m
ナローフォワードカメラ 250m
超音波センサー 8m
レーダー 160m

EV・自動運転のトップメーカー「テスラ」の車載センシング・システム
車の周囲360度をカメラ、レーダー観測している

2 超高速・高精度の画像処理技術が必要

画像はNISSANのプロパイロットの広報資料から。走行時の前方視界がデジタルデータでリアルタイムに表示されている

このセンシング・システムを可能にする技術
高精度3D画像生成技術
外部環境を立体で把握する

+

超高速CMOSセンサー技術
外部の物体との距離を瞬時に計測する

高性能GPUの活用
3D画像を超高速処理する画像処理半導体(GPU)

=

アメリカのエヌビディア社が、得意の3D画像処理技術を結集して、車載用GPUを開発。AI自動運転のキーデバイスになった

精度のカメラ、レーダー、赤外線などのセンサーによって集められます。しかし、どれほどこれらが高性能でも、3D情報のデータ処理が遅く、リアルタイムで操作できなければ、自動運転には役立ちません。

この3D画像情報を超高速かつ正確に演算処理できる半導体を作り出したのは、それまでゲーム用の半導体メーカーだったアメリカのエヌビディア社でした。ゲーム用半導体にとって、画像処理のスピードは命です。そのため同社は、3D画像処理をワンチップでこなすGPU（Graphics Processing Unit：画像処理半導体）を独自に開発。このGPUの誕生が、アメリカのIT企業やテスラ社の自動運転技術を飛躍的に発展させたのです。

現在、各国の自動車メーカーが、AIシステムを搭載した自動運転車の開発を進めています。下図に示したように自動運転には5段階あり、日本のホンダは2021年にいち早くレベル3車両を発売。テスラ社は一気にレベル5の完全自動運転を目指していますが、安全性の確保にはまだ時間がかかりそうです。

特定条件での準自動運転

Level 4 高速道路での自動運転
運転はAIが実施

Level 5 完全な自動運転
一般道でのAIによる自動運転

HONDA　Waymo Tesla ?　　　　→　　　?　テスラは一気にLevel 5を目指している

テスラCEO イーロン・マスク

AIのディープラーニングによる完全オートパイロット技術

パイロットOS
ドライバーの車操作を獲得

ドライブネットOS
各種画像、センサー情報から車外状況を把握

ドライバーコンシェルジュOS
乗る人へのデジタルサービスの提供

3 高精度デジタルMAPと正確なGNSS技術が必要

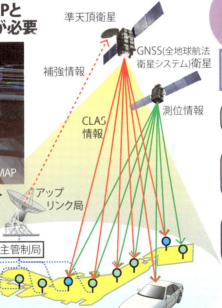

高精細デジタルMAP

現状の自動運転は、車の走行位置・走行環境の把握のため、正確なGNSSの支援と、道路のデジタルMAPが必要

準天頂衛星
GNSS（全地球航法衛星システム）衛星
補強情報
CLAS情報
測位情報
アップリンク局
主管制局
自動運転等

日本の準天頂衛星「みちびき」(p52参照)
センチメートル単位で位置情報を提供する

エヌビディア社は自動運転専用のAIシステムまで開発している

各自動車メーカーの間でも、独自にドライビングOSの開発、そのためのAIシステムの開発が激化している

Part 2 AIの基礎知識 10

日本と欧米のロボット開発はAIの頭脳搭載により人間を超える?

ロボットはハードからソフトの時代へ

世界初の産業用ロボットは、1962年にアメリカで誕生しました。ところが、アメリカでは労働組合から猛反発を受けて普及に至らず、積極的に導入が進んだのは、日本でした。

そこには思想の違いがありました。キリスト教圏では、命を創造するのは神のみであり、人間が神の領域を侵すのは罪だと考えられています。古くはフランケンシュタインからターミネーターまで、欧米のフィクションに登場する人造人間やロボットは、危険で邪悪な怪物として描かれるのが常でした。

かたや日本では、『鉄腕アトム』に代表され

1 東洋と西欧と大きく異なった、ロボットの思想

西欧 ロボットは敵だ!!

その典型が「ターミネーター」

そこにはキリスト教的世界観がある

命を創りだせるのは神のみ。人間が人間の形を作るのは罪である

神 / キリスト教的善悪二元論 / 人間は動植物を支配

2 ロボットは労働者の仕事を奪う怪物だ

1962年に、ユニメーション社によって産業用ロボットが発明された

しかしアメリカでは、ロボットは職を奪う怪物として労働組合の大反対により普及しなかった

日本では歓迎され普及が進む

友達ロボットのASIMOの誕生と進化

1986 下半身歩行ロボ誕生 E0

1992 自律二足歩行機能をもつ E5

1996 やっとロボットの姿になった P2

本田技研創業者の本田宗一郎氏の「人の役に立つロボットを作ろう」という意思を継いでASIMOは開発された

P2からアシモへ

ASIMOは世界で最初に二足歩行を可能にした

東洋(日本) ロボットは友達!!

日本人には「鉄腕アトム」に代表される、ロボットは友達という価値観が根付いている

世界はひとつ

この世界で命あるものすべてには仏が宿っている

るように、ロボットは人間の味方として描かれます。機械にも人格を認める心情は、全てのものに神や仏が宿り、命は等しく尊いとする東洋的な思想に根ざすものかもしれません。産業用ロボットを抵抗なく受け入れた日本の産業界は、急速に発展しました。

日本産のロボットが目指したのは、アトムの再現でした。1973年には、早稲田大学で世界初の本格的ヒューマノイド（人型）ロボット「WABOT－1」が誕生（p11）。本田技研工業は14年の歳月をかけ、世界初の二足歩行ロボット「ASIMO」を2000年に完成させます。滑らかに歩く姿は、人々を驚かせました。

一方、欧米では、特定の機能に特化したロボットの開発に力が注がれました。重要なのは、ロボットというハードウェアではなく、ロボットを動かすソフトウェアだ。そう気づいたのです。折から音声認識、画像認識、そしてAIシステムが大きな成果をあげ始めた時期と重なり、ロボットはハードからソフトの時代へ。そしていま、AIを搭載し、自分で考えて動く自律型ロボットが生まれています。

3 西欧のロボットはASIMOとは別の道を行く

4 そして、ついにロボットの頭脳がAI化する。自分で考え、自分で働き、会話するロボットの誕生

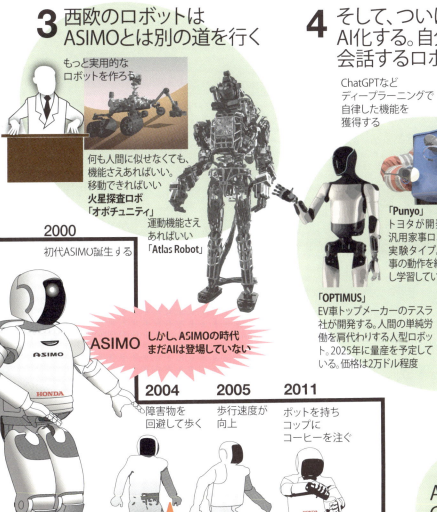

AI革命はChatGPTの次はロボット革命

Part 2 AIの基礎知識 ⑪

AI開発を加速させた デジタル社会の円熟

半導体の進化が突破口に

　AI開発が冬の時代を迎えていた1990年代にあっても、唯一、気を吐いていた分野がありました。それは、世界の若者たちを夢中にさせたコンピュータゲームの世界です。

　このゲーム制作の世界を支えていたのが、精密な画像を超高速で描写する半導体でした。その名はGPU(Graphics Processing Unit：画像処理半導体)。GPUは、リアルタイム画像処理に特化して開発されたもので、複数の単純な計算を同時に高速で行います。GPUの開発で群を抜いていたのは、1993年に設立されたアメリカのエヌビディア社でした。その

AI研究の大躍進は、この周辺技術の発展があって可能になった

スーパーコンピュータの性能の飛躍的な向上と、AI学習専用スパコンも登場

2023年度世界最速はアメリカの「フロンティア」119京以上を達成

2017年度世界最速は中国「神威・太湖之光」9.3京だった

日本の「富岳」は4位の44京ながらAI学習で威力を発揮。東北大、東大、富士通共同で、地震による津波被害を、リアルタイムで予測するシステムを完成した

マイクロソフトは、AI用スーパーコンピュータ開発に15兆円を投資。アマゾンも同様に22兆円を投資し、AI関連データセンターを建設する

AI用コンピュータの性能は、従来の演算数ではなく、大規模言語モデルのパラメータ演算処理能力を競う。最新のものは3000億パラメータ

世界の主要SNS 利用者データ
Facebook 29億人
YouTube 25億人
Googleサーチ 43億人
Google Map 10億人
X(Twitter) 3億人

AI学習に必須の

Web上のコンテンツデータ
Wikipedia
企業広報、教育機関の公開情報
行政の公開情報
AI強化学習用単語4億語

AI開発停滞期　　　　**AI開発再開期**

機械学習の進展

コンピュータゲームの興隆とゲーム用の画像制作の進歩

ゲーム制作の現場からの要求 高速・高精度の画像処理

画像処理用GPUが機械学習に利用される

画像処理専用の半導体GPUを、自動運転用に活用

半導体開発はエヌビディア社のゲーム用GPUが牽引

画像処理技術は、自動車の自動運転技術開発の必須に

サブカルチャーとしてコンピュータゲームがコンテンツビジネスの中心に

4K画像用カメラの普及 シーモスセンサーの汎用化

GPUがAI開発の突破口となったのです。

ディープラーニングを用いた猫の画像認識実験を思い出してみましょう。そこで行われる計算は、まさにGPUが得意とする画像処理計算です。膨大な画像情報を読み、その中から有意の特徴を抽出し、その分類から相互の関連性を推測する。このような作業にはゲーム用GPUが最適だったのです。

GPUを得て、AI研究は飛躍的に進展します。この膨大な演算を行うためのスーパーコンピュータも誕生。同じ頃、自動車の自動運転の研究も進みました。さらに時を同じくして、インターネットの急速な普及により、「ビッグデータ」と呼ばれる膨大なデータが、ウェブ上に蓄積されるようになりました。これによりAIは、膨大な学習データを手に入れたのです。

このように、AIの技術革新は、周辺の関連技術が並行して進化し、互いに連携し合って可能となったものでした。

AIはいま、円熟したデジタル社会の主役になりつつあります。それが人々の暮らしをどう変えるのか、次から詳しく見ていきましょう。

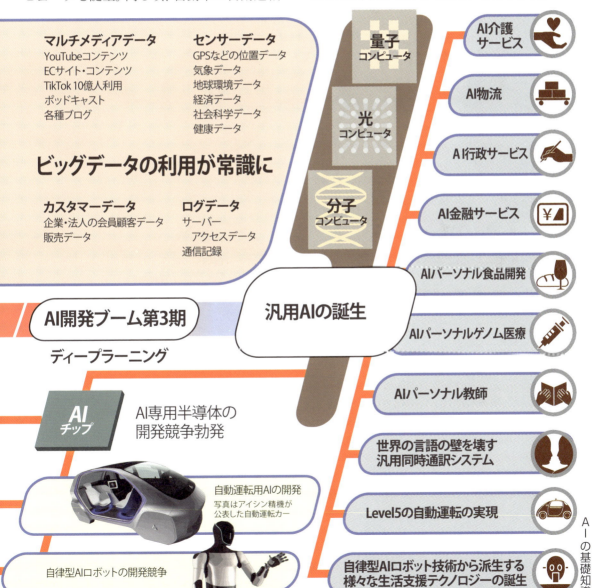

Part 3 AIで変貌する仕事 1

AIが得意な仕事
AIが肩代わりする人間の労働とAIには替えられない人間の能力

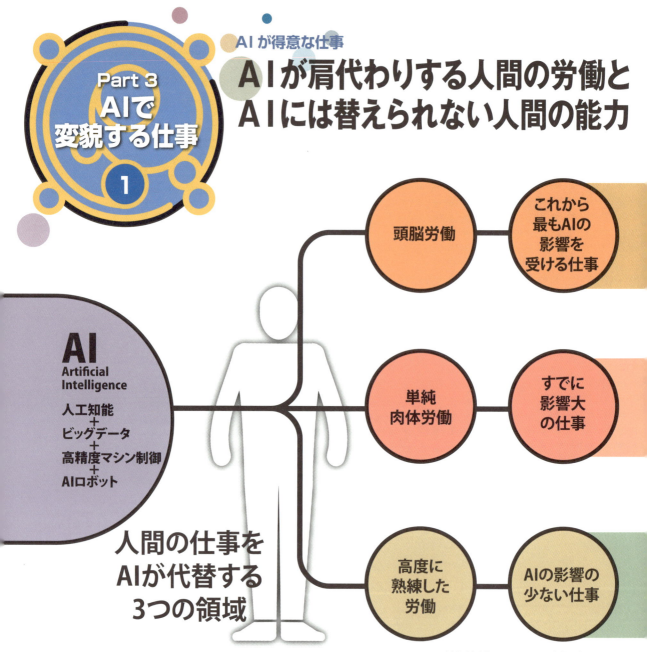

人間の仕事をAIが代替する3つの領域

- 頭脳労働 → これから最もAIの影響を受ける仕事
- 単純肉体労働 → すでに影響大の仕事
- 高度に熟練した労働 → AIの影響の少ない仕事

AI Artificial Intelligence
人工知能＋ビッグデータ＋高精度マシン制御＋AIロボット

人間の仕事の半分がなくなる⁉

現在ある職業の半分近くは、10〜20年後にはAIに奪われる──。2013年、英オックスフォード大学のマイケル・オズボーン准教授は、衝撃的なレポートを発表。氏がアメリカの702種の職業について、どこまで自動化できるか調査したところ、労働人口の47％がAIに代替される可能性があるというのです。

どんなに技術が進歩しても人間にしかできない仕事が数多くある。長い間、そう信じられてきました。産業革命によって機械化が進み、大量失業が危惧された時代も、サービス業などの職種が新たに生まれ、人間が機械に取って代わられることはありませんでした。

ところがAI技術は、これまでの技術革新とは比較にならないほど急速に進化し、人間の仕事を脅かし始めているのです。

人間にとって簡単なことがAIは苦手

2013年当時、AIの導入によって真っ先に影響を受けると予想されたのは、肉体労働を

タスクの一部がAIに置き換えられると予想される職業

高学歴ホワイトカラーのデスクワーク

一般事務職　経理・総務　経営コンサル　投資アドバイザー

営業プランナー　デザイナー　ウェブライター　初級プログラマー　翻訳家

会計事務　医療事務　旅行代理業　医療関連技師　経済アナリスト

単純肉体労働

工場ライン作業　飲食配膳　ビル管理者　フロント業務

AIのできない専門性の高い身体労働

電気工事技師　建設機器オペレーター　農業機械オペレーター　配管工

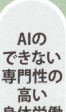   
介護士　看護師　高等教育教員　デジタル事業者

AIに置き換えられない人間の感情生活が必要とするもの

美の心地良さ
善の喜び
共生の楽しみ
人間の手仕事への愛着
身体の心地よい反応
人間の感情に寄り添うサービス
心とのコミュニケーション

地域共同体

地球・自然との一体感

伴うブルーカラー職。次いで、パターンがある程度決まっている事務などのホワイトカラー職。反対にAIに代替できないのは、創造性や知的コミュニケーションが求められる仕事だと予想されていました。

ところが、それから10年以上たったいま、予想外のことが起こっています。最もAI化が進んでいるのは、ホワイトカラー職。そして、生成AIの進化によって、画像・映像・アニメ制作者など、創造性の高い職種までが脅かされつつあります。かたや、自動運転やAIロボットの普及によって深刻な影響を受けると思われたドライバー、配達員、建設作業員などの肉体労働は、なくなるどころか、依然として人手不足の状態が続いています。

ここで思い出されるのが、「モラベックのパラドックス」（p9）。「AIは高度な知的作業は得意でも、人間にとって簡単なことほど苦手」という指摘が証明されたのです。

AIの導入は、人間の仕事をどう変えていくのでしょう。次のページからは、代表的な職業分野の現在と未来を見ていきましょう。

AIで変貌する仕事

43

Part 3 AIで変貌する仕事 ②

会社の変貌
AIとロボットの導入によって お菓子会社はこう変わる？

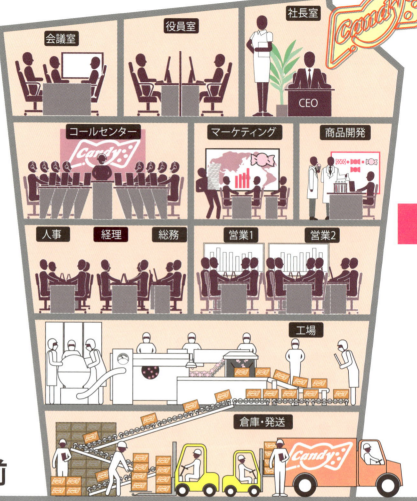

AI導入前

職場から半分以上も人間が消える

　ここに、とあるお菓子会社があります。社長と役員たちのもとで、多くの従業員たちが働き、主力製品であるキャンディの生産・販売にあたっています。

　このごく普通の会社にAIが導入されると、何がどのように変わるのでしょう？　それを比較したのが、上のふたつの図です。AI導入前の左の図に比べ、導入後の右の図では、働く人の数が目に見えて減っていることがわかるでしょう。

　特に減少が著しいのが、人事・経理・総務といった事務部門です。データの管理、経費や売り上げ、給与の計算など、これまで各自がパソコンで行っていたルーチンワークは、AIが一括管理するようになり、人間の仕事はほとんどなくなりました。

　消費者からの電話に応じるコールセンターからも、人の姿が消えています。自動音声応答システムが導入され、これまでの専任オペレーターに代わって、問い合わせに自動的に

AI導入後

対応してくれるからです。

　営業部隊もAIの導入によって少数精鋭化し、ECサイトを活用して新規顧客を獲得。同時に受注・生産・在庫などの情報が一元管理されるようになりました。

　さらに、もともとオートメーション化されていた工場は、自律型ロボットの導入によって、ほぼ無人化を達成。商品の保管と配送を担う部署でも、ロボットや自動運転車が従業員に取って代わっています。

　これまでのAIの導入事例から、AIが最も苦手とする仕事は、斬新で独創的なアイデアを必要とする商品開発部門ではないかと考えられてきました。ところが前項で見たように、ChatGPTの登場によって、この分野でもAIは活躍しそうです。新しいお菓子のアイデアを出すよう指示すると、AIは即座に何十ものアイデアを弾き出してくれるでしょう。人間のスタッフは、そのアイデアを精査して、より現実的なものを選択します。このようにAIの導入によって、人間が、より本質的な仕事に専念できる職場が生まれるかもしれません。

AIで変貌する仕事

45

医療①
医療AIが医療スタッフを支え病院はこう変わる?

診断や手術をAIがサポート

2016年、東京大学医科学研究所は、AIが患者の命を救った事例を発表。IBMのAIワトソンが、診断の難しい白血病のタイプをわずか10分で見抜いたうえ、適切な治療法を示し、患者の回復に貢献したというのです。

患者の症状から病名診断を下すには、過去の症例や医学論文など、膨大な医療情報と照合する必要があります。これはまさに、ビッグデータの集積と分析力に秀でたAIの得意分野です。AIが迅速で精密な診断を行い、医師が最終判断を下す。このようにAIが多忙な医師を支えることで、より質の高い医療を提供する取り組みが、各国で進んでいます。

診断のみならず、医療行為をサポートするAI搭載ロボットも登場しています。日本でも多くの病院が、アメリカのインテュイティヴ・サージカル社が開発した手術支援ロボット「ダヴィンチ」を採用。医師は3D画像を見ながら、ロボットのアームを遠隔操作し、まるで患者の体内に入り込んでいるかのように繊細な手術ができると高い評価を得ています。同様の手術支援ロボットの開発は各国で進んでおり、日本では川崎重工業とシスメックス社が共同開発した「hinotori」が、すでに実用化されています。

命を預かる医療現場では、常により高度な診断・治療技術が求められ、患者側も最先端の医療機器を抵抗なく受け入れる傾向があります。医療AIが病院に欠かせない存在になる日は、そう遠くないのではないでしょうか。

> 医療AIのサポートによって
> より高度な診断・治療の実現と
> 医療スタッフの負担軽減を目指す

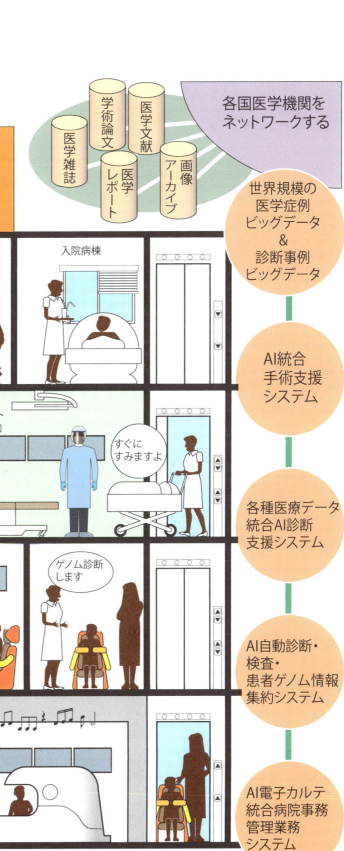

医療②
個人と地域医療、高度医療サービスをAIが統合的に結び付ける

家庭介護の現場での不安、疑問に即座に対応して、必要な支援が得られる

■ 在宅や遠隔地でも万全の態勢に

　2025年には、約800万人の団塊の世代が75歳以上の後期高齢者になり、超高齢社会に突入する──。この「2025年問題」に、いま日本の医療現場は揺れています。高齢者を支える若い世代が減少しているうえ、医療現場は慢性的な人手不足。優秀な人材は都市部に集中し、医療の地域格差も生まれています。この問題を解決するための切り札のひとつとして注目されているのが、AIの活用です。

　前の項目で見たように、一部の病院ではAI化が進められていますが、あくまでも個別の取り組みにとどまっています。これを大きなネットワークによって、大病院から開業医、地域コミュニティ、さらに個人までを結びつけ、医療情報を共有して、どこにいても高度医療サービスが受けられるような態勢が望まれています。

　厚生労働省も、保健医療分野におけるAIの導入を検討しています。なかでも早期実用化が望まれている分野が、がん治療などに有効とされるゲノム（遺伝情報）医療です。ゲノム解析にAIを用いれば、短時間で疾患の原因遺伝子を発見でき、患者の状態に応じた、よりきめ細かい個別的医療が実現できると期待されています。

　また、ディープラーニングを応用した画像診断支援システムを用いれば、病名候補を短時間で絞り込むことができ、特に専門医が不足する離島などの遠隔地では、大いに役立つと考えられています。

　個人の暮らしの場面では、ウェアラブル端末（体に装着して使う情報機器）やスマートフォンを活用。これらを通じて送られた健康データや画像を、AIが解析することにより、在宅患者の見守りや遠隔指導を効果的に行う

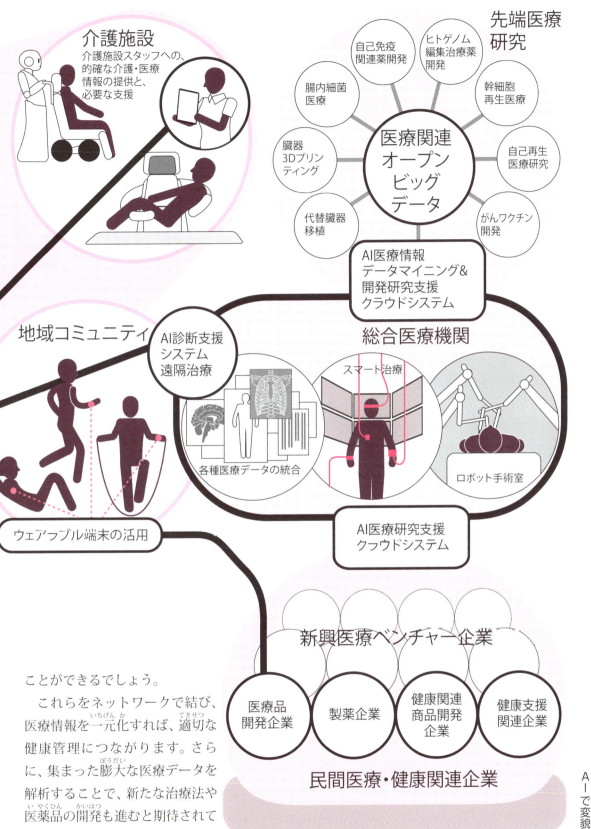

ことができるでしょう。

　これらをネットワークで結び、医療情報を一元化すれば、適切な健康管理につながります。さらに、集まった膨大な医療データを解析することで、新たな治療法や医薬品の開発も進むと期待されています。

Part 3 AIで変貌する仕事 ⑤

金融

AIと親和性の高い金融業界で進む事業の効率化と顧客満足度の向上

数字を扱う金融はITの得意分野

　AIの影響を最も受けやすいとされているのが、銀行や証券会社などの金融業界です。

　金融業が行っているのは、主に個人や企業が所有する口座の決済業務。AさんのA銀行口座からBさんのB銀行の口座に資金を移動する。C社のC銀行口座から、アメリカのD社のD銀行口座に資金移動をする。この資金の移動を「決済」と呼びます。この時移動するのは、口座に記載された数字だけ。その移動の過程で、金利や手数料、為替変動率など、様々な要素が加味されますが、やっていることの基本は皆同じ。つまり数字の計算です。これこそ、コンピュータが最も得意とするものです。

　このように、金融は最新の情報技術と相性がよく、金融(Finance)と技術(Technology)を組み合わせた「フィンテック(Fin Tech)」と呼ばれる新しい事業やサービスが生まれています。身近な例でいえば、パソコンやスマートフォンで入金確認や送金ができるインターネット・バンキングもそのひとつ。このフィンテック分野で加速化するのが、AIの活用です。

融資審査も資産運用もAIで

　例えば、金融商品や各種サービスについての問い合わせには、AIチャットボットが対応。利用者は、24時間いつでもどこでも気軽に相談できますし、金融機関側には、来店や電話による問い合わせが減り、窓口業務の負担が軽減されるというメリットがあります。

　また、個人や企業が金融機関から融資(お金を借りること)を受けるには、通常は必要書類

を提出し、信用調査の結果が出るまで何日も待つ必要がありますが、AI審査なら短時間でOK。AIが過去の取引データなどをもとに、利用者に返済能力があるかどうかを分析し、その日のうちに審査結果を弾き出してくれます。

　さらに、近年、特に注目を集めるのが、ロボアドバイザーによるAI投資です。日本は欧米に比べて、資産を預貯金に回す人が多く、株や証券などに投資する人が少ないといわれています。どんな銘柄を選べばいいのかわからない、リスクを負うのが不安、店舗に相談に行く

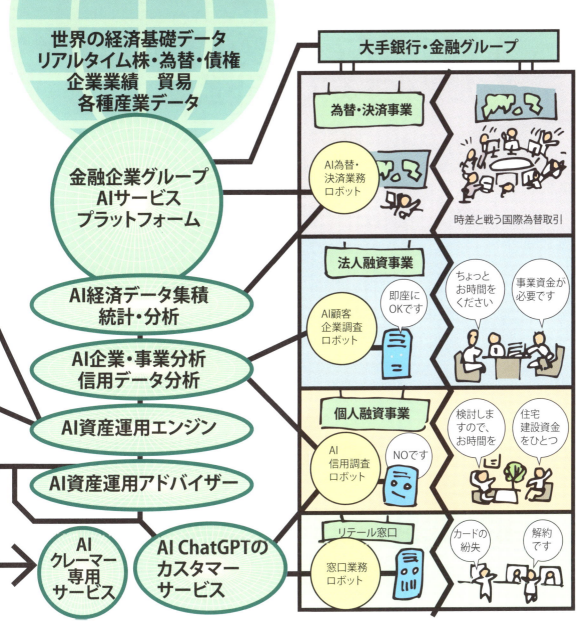

のが面倒、など理由は様々でしょう。そんな金融初心者をサポートするのが、ロボアドバイザー。スマートフォンで簡単な質問に答えるだけで、自分に合う資産運用プランを提案してくれ、運用をAI任せにすることも可能です。

AIは「情報の非対称」を崩す

そもそも金融は、専門的な知識や情報を必要とし、素人には複雑でわかりにくい分野です。金融商品を売る側は豊富な知識をもつのに、買う側はよくわかっていない。このように双方がもつ情報に格差があることを「情報の非対称性」といいます。AIの導入は、この情報の非対称性の壁を崩します。金融知識のない人でも、AIのサポートによって様々な金融サービスを受けやすくなれば、顧客満足度も高まるでしょう。

金融機関側にとっても、AIの導入には、業務の効率化、新規顧客の獲得など、様々な利点があります。その反面、人間が担ってきた一部の仕事がAIに代替され、人員削減が進むのは避けられないとも予測されています。

AIで変貌する仕事

51

Part 3 AIで変貌する仕事 ⑥

農業
AIの導入で最も変化するのは農村？
加速化するスマート農業

● 北海道では、この「みちびき」の誤差数センチという正確な位置情報を利用した様々な「IT農業」の運用が進行している

準天頂衛星「みちびき」
「みちびき」は日本のほぼ真上の軌道を通る測位衛星。これまで難しかった山間部や都市部での、正確な測位を可能とする。2010年に初号機が打ち上げられ、4機で24時間運用。2026年度までに7機体制を目指す

農場管理AIドローン
上空からの農場の画像データから、作物の生育状況をリアルタイムで把握でき、適切な作業が実施できる

自動運転トラクター
農作業コースを設定すれば、正確に農場を走行し、指示された農作業を行う。場所ごとに適切な施肥、農薬の散布が可能

AI汎用農作業ロボット
人手に頼る農作業をロボット化し、24時間体制での作業環境を構築。果実の熟成度を高度センサーで判断し、摘み取りの判断も可能に

無人農機や搾乳ロボットも登場

　現在、AI導入が積極的に進められているのは、意外にも農業です。手作業のイメージが強い農業ですが、大規模農家では早くから機械化が進められ、広大な農地で種まきから収穫に至るまで、専用農機が担っています。
　これらの農機をAIによって完全自動走行化しようという動きが、いま進んでいます。それを可能にするのが、GNSS（全地球航法衛星システム）と呼ばれる衛星測位システムです。そのひとつが、アメリカのGPS。すでにアメリカでは、GPS受信機とAIを搭載した自動走行トラクターが活躍しています。
　日本もまた独自の測位衛星「みちびき」を運用。障害物に遮られ、GPSが受信できない環境でも、「みちびき」の信号が補完してくれるため、より安定した位置情報を取得できるようになりました。これにより精度の高い自動走行が可能となり、すでに北海道はじめ国

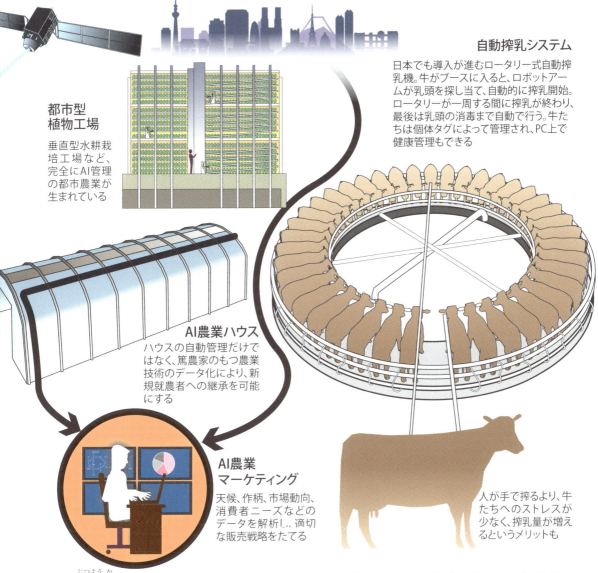

自動搾乳システム
日本でも導入が進むロータリー式自動搾乳機。牛がブースに入ると、ロボットアームが乳頭を探し当て、自動的に搾乳開始。ロータリーが一周する間に搾乳が終わり、最後は乳頭の消毒まで自動で行う。牛たちは個体タグによって管理され、PC上で健康管理もできる

都市型植物工場
垂直型水耕栽培工場など、完全にAI管理の都市農業が生まれている

AI農業ハウス
ハウスの自動管理だけではなく、篤農家のもつ農業技術のデータ化により、新規就農者への継承を可能にする

AI農業マーケティング
天候、作柄、市場動向、消費者ニーズなどのデータを解析し、適切な販売戦略をたてる

人が手で搾るより、牛たちへのストレスが少なく、搾乳量が増えるというメリットも

内各地で実用化されています。

このほかドローンによる農場管理、AIが適正管理するスマートビニールハウス、都市型植物工場、収穫や選別を行うロボットなど、新たな農業モデルが続々と生まれています。

酪農も例外ではありません。これまで酪農は、生き物が相手なだけに、年中無休の重労働とされてきました。しかし現在は、監視カメラで畜舎を24時間モニターしたり、自動給餌機によって定時刻に餌を与えたりすることが可能となり、さらには乳牛用のAI搾乳システムも登場しています。このシステムを使えば、人間が搾乳機を持って牛舎を回らなくても、自動もしくは半自動で搾乳できるうえ、牛に取り付けた個体タグによって健康管理もできるのです。

農業分野でAIの導入が急がれる背景には、世界的な人口増に伴う食料不足、気候変動による農業への打撃など、地球規模の問題が潜んでいます。また、日本では経営者の高齢化と後継者不足が深刻化。その一方で、都会から新規就農を目指してやってくる人も少なくありません。PCやスマートフォンで操作するAI農業は、若い世代に馴染みやすく、AIの支援によって経験不足を補えるため、後継者確保にもつながると期待されています。

AIで変貌する仕事

53

Part 3 AIで変貌する仕事 ⑦

土木・建築

建設現場の人手不足と技術継承は AIによる自動化・ロボット化で解消

AIドローン空撮測量

航空測量にかかる時間と費用の大幅な削減が可能

自動制御のドローンにカメラを搭載し、低空から高解像度の航空写真撮影を行う。建設現場での生産性の向上を図る、国土交通省の「i-Construction」においても、ドローン測量の普及が期待されている

■ 工事現場から人の姿が消える？

　建設機械が景気のいい音を響かせ、クレーンが黙々と動いているのに、見慣れたヘルメット姿の人間の姿がない。あと数年もすると、全国の工事現場の風景が、こんなふうに変わっているかもしれません。

　測量の現場では、ドローンが低空で飛んでいるだけ。搭載した高精度カメラの画像は、AIの画像処理システムで3Dの地形データに変換され、そのまま設計のCADデータにリンクします。これまで多額の費用がかかった航空機による航空測量に代わって、こうした低コストで精度の高い3D測量が、今後の常識になるでしょう。

　土木工事の現場でも、この3Dデータが活用され、AIが活躍しています。土を削り、穴を掘り、整地する現場では、見慣れた建設機械が働いています。ただひとつ従来と違うのは、重機の運転席に人間の姿がないことです。これらの建設機械は、AIの自動操縦システムによって、ベテランのオペレーターに劣らぬ精度で土木作業をこなしています。それを可能にしたのは、正確な位置情報データと、ベテランのオペレーションテクニックをAI化したプログラムです。人間のすることは、この機械の動きを事前にセットし、運行管理することだけです。

測量撮影データの3D地形図作成へのシームレスに活用

撮影データは、撮影時のカメラレンズの歪みの補正後、専用の画像解析システムで3次元データに変換され、建設設計で使用するGISやCADシステムに活用される

　いよいよ建築工事が始まります。ここでも働く人間の姿はまばらです。代わりに見慣れないロボットが動き回っています。これまでビル建築工事の現場では、建築資材の運搬と一時置きは、人手のいる重労働でした。これを軽々とこなすのが、AIを搭載した運搬ロボット。障害物や他のロボットを避けながら、クレーンが次々と搬入する資材を、作業現場へと運んでいきます。

54

AI自動土木建設機械

鹿島建設の開発した自動建設機械が、実用段階に達したと発表された。慢性的人手不足と熟練技術者の技術継承の問題を、自動制御の建設機械によって解消しようとしている。従来の遠隔操作ではなく、作業経路、作業項目をプログラミングし、担当者がタブレットで管理する

AI自律型建築ロボット

清水建設は「現場でBuddy（仲間）のように働けるロボット」を目指して、建築物の3Dモデルと、AI化した自律型ロボットを連携させるシステム「シミズ・スマート・サイト」を開発し、稼働させている

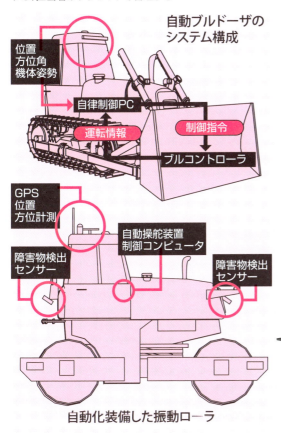

自動ブルドーザのシステム構成

自動化装備した振動ローラ

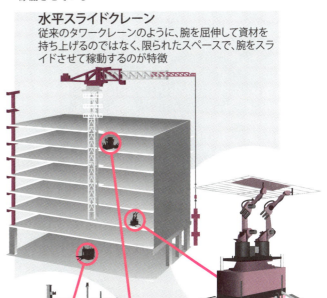

水平スライドクレーン
従来のタワークレーンのように、腕を屈伸して資材を持ち上げるのではなく、限られたスペースで、腕をスライドさせて稼動するのが特徴

自律型自動搬送車 Robo-Carrier
レーザーセンサーと設計データを組み合わせ、障害物を避けて資材を自動搬送するロボット

双腕多機能工事ロボット Robo-Buddy
天井の仕上げ、床材の施行をする2本腕の多機能工事ロボット。画像センサー、レーザーセンサーで施行部位を確認し、指示された作業を行う

　その資材を受け取り、溶接し、天井をリベットで留めているのも、工事ロボットたちです。日本が産業用汎用ロボット技術で培った、AI制御のアーム機能を駆使し、自在に動き、工事を進めています。

　ここに描いた工事現場の姿は、決して明日の物語ではなく、大手建設会社によってすでに実用化されているものばかりです。実証実験も終え、期待以上の成果も報告されています。高齢化するベテラン作業員の技術が、AI搭載の建設ロボットたちに受け継がれ、同時に深刻な作業員不足も解消されようとしているのです。

完全自動溶接ロボット Robo-Welder
大阪大学と共同開発の自律型溶接ロボット。作業員を必要とせず、所定の位置に移動し、レーザー形状測定で溶接部を確認し、6軸アームを駆使して溶接作業を行う

AIで変貌する仕事

Part 3 AIで変貌する仕事 8

AI工場
産業用ロボットの導入から スマート工場への流れは止まらない

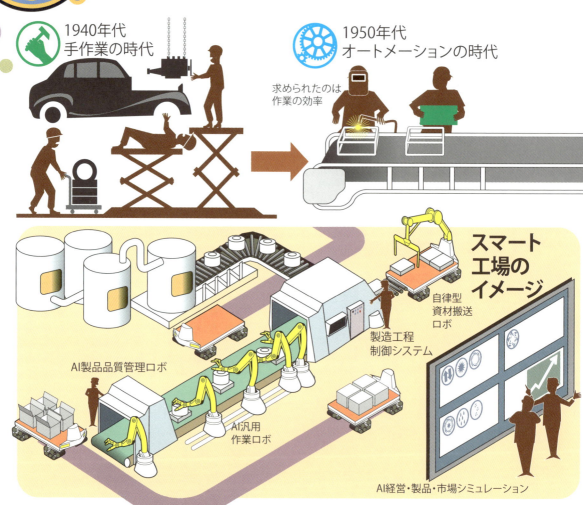

日本が目指す完全自動化工場

物作り大国日本の20年後を想像してみましょう。完全AI化された工場には、人間の姿がないのはもちろん、働くロボットの姿もありません。工場全体が動くロボットとして稼動しています。製品の設計から部品の製造、組み立て、調整、出荷までが、ひとつのAIシステムで管理運営されています。このAI工場は、消費者のニーズをビッグデータから取得し、即座に製品を開発し、ラインを変更して生産します。AIによって、自律的に設備を変更・追加し稼動するスマート工場、それがAIロボット工場の究極の姿です。

もしこんな完全自動化工場が2040年代に稼動したとしたら、人類は機械工場で製品を作り始めてから、わずか100年で、この究極の姿にたどりつくことになります。かつてチャップリンが映画『モダン・タイムス』で、人間が工場の歯車となる近代社会の人間疎外を悲喜劇として描いたのは、1936年です。この時チャップリンは、工場の中から人間その

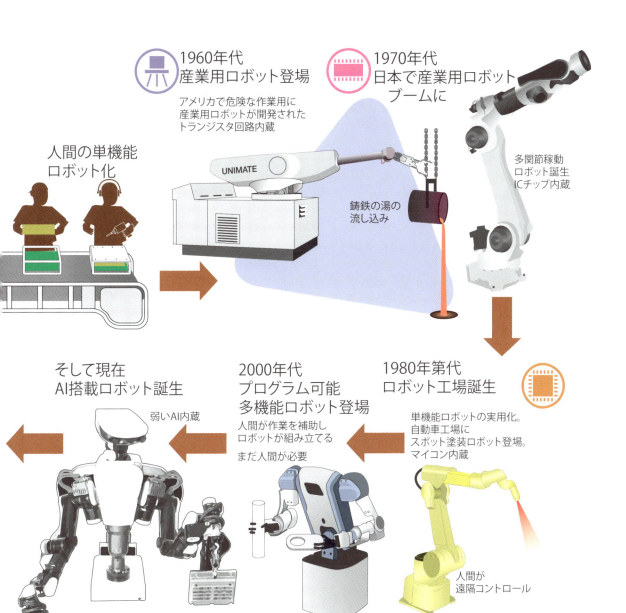

　ものが排除されるとは、想像もしなかったことでしょう。

　この100年の間に、日本の製造工場は、大きく3つの変動の波に乗っています。最初は、豊富な若年労働者を抱える敗戦国として、先進国の工場となってオートメーション（自動化）に邁進してきました。

　2つ目が、産業用ロボットの登場です。ロボットに愛称をつけて呼んだ、牧歌的な時代です。この時代、日本の製造業は世界のトップに立ちました。

　3つ目が、工場の海外移転です。安い人件費を求めて、日本から中国や東南アジアなどの新興国へと、製造工場が移転しました。

　そして現在起こっているのは、4つ目の波、スマート工場化です。新興国では経済成長によって人件費が高騰しているため、ロボット化した自国工場に生産を戻し、生産性の向上を目指しています。この一連の動きの原動力に、急速に進化を遂げてきたAIが寄与しています。技術進化の融合が、ここで起きているのです。

AIで変貌する仕事

57

Part 3 AIで変貌する仕事 ⑨

物流

物流業界のAI化は
3K解消以上の構造変化を招く

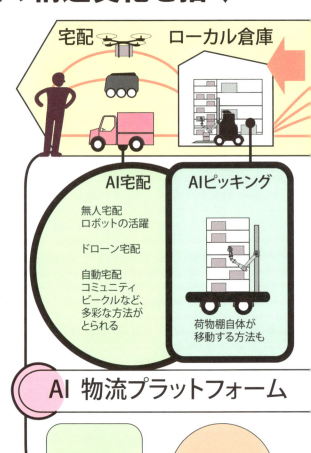

倉庫ロボットや自動トラックで省人化

　生産者から消費者へ、物を届ける物流業務は、単に物を輸送するだけでなく、倉庫に保管する、梱包する、トラックに積み込むなど、一連の作業によって成り立っています。それぞれの作業現場では、多くの人手が必要とされています。しかし、近年はインターネット通販などのEC（電子商取引）市場が拡大し、物流の需要が増大。現場の人手不足と過重労働が深刻な問題になっています。そこで期待されているのが、AI導入による省人化です。

　例えば、膨大な在庫の中から商品を選び出すピッキング、荷物を運び出す搬送など、倉庫内の作業には、すでにロボットの導入が進められ、現場作業の負担軽減に効果を発揮しています。物流現場で取り扱う荷物は、大きさも配送先もまちまちで、これまで機械化は難しいとされてきました。しかし、ディープラーニング技術を駆使して、荷物の種類や取り扱い上の注意、汚れ・破損の有無などを自動的に判別する画像判別システムも開発されています。

　このほか運送面では、トラックの自動運転化や船舶の自動運航化、ドローンの活用などによる効率化も検討されています。

業界全体を連携させる物流革命

　そんななか、物流業界に大きな波紋を投げかけているのが、アメリカのECサイト最大手のアマゾン社です。同社はロボットメーカーを買収して倉庫ロボットを配備したり、自前でトラックや貨物航空機、船舶を調達したり、ドローンによる宅配の実現に乗り出したりと、独自の物流システムを構築。既存の物流会社を脅かし、産業構造の転換を迫っています。

　日本の国土交通省も、社会状況の変化や今後の課題に対応できる「強い物流」を構築す

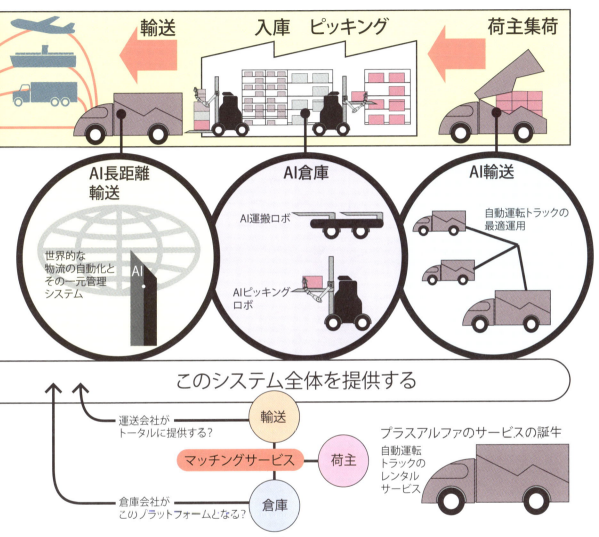

るために、2017年7月に新たな総合物流施策大綱を公表。その核のひとつとなるのが、前述したAI導入による省人化、そしてもうひとつが、生産から配送までのサプライチェーン全体の効率化です。

例えば、従来は様式がバラバラだった伝票などのデータを標準化し、業者間で共有できるようにする。共有したデータをもとに、最適な輸送手段をマッチングする。こうした業者間の連携を促すためにも、AIの活用が期待されています。

さらに、運送会社が自動運転トラックのレンタルサービスを始めたり、倉庫会社が倉庫ロボットを提供したりと、新技術を用いた新規サービスを創出する可能性も秘めています。

AIの活用によって、人間が3K（きつい・汚い・危険な労働）から解放され、国の重要なインフラである物流が激変する「物流革命」が、いま起こりつつあるのです。

Part 3 AIで変貌する仕事 ⑩

サービス業

飲食・小売りなど接客サービス業はAI化で人手不足や行列を解消

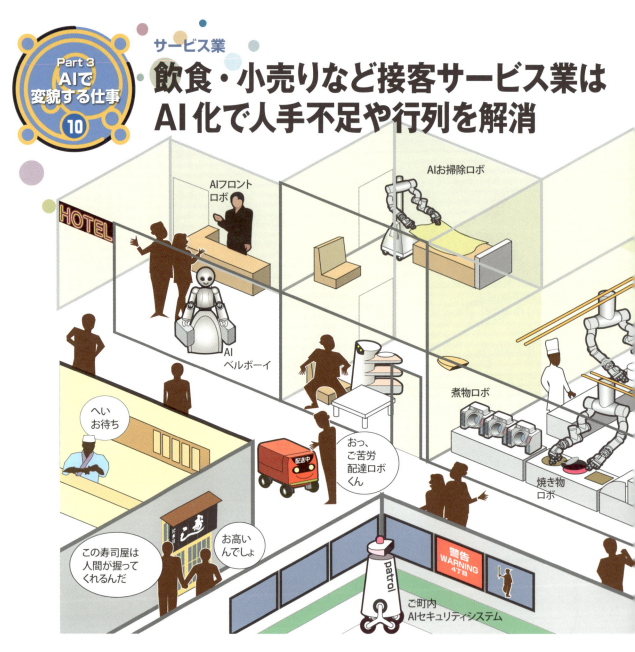

レジさえない無人店舗も登場

　レストランに入ると、「いらっしゃいませ」と迎えてくれるのは、人型ロボット。ロボットの胸についたタッチパネルに人数や希望する席の種類を入力すると、ロボットが席まで案内してくれます。オーダーも、テーブル席のタッチパネルでメニューを選び、入力するだけ。注文を受けた厨房では、調理ロボットが料理を作り、できあがると配膳ロボットが席まで運んでくれ、食事が終われば無人レジ機でお会計……。

　こんなAIレストランが、いま現実のものになりつつあります。飲食や小売り、宿泊などの接客サービス業は、これまで自動化は難しいと考えられてきました。しかしいま、サービス業の人手不足が深刻化し、ロボットやAIの活用によって、省力化を図ろうとする動きが活発化。コロナ禍で非接触が推奨されたこともあり、タッチパネル式の受付や注文、簡単な調理や配膳を行うロボットなど、一部の自動化はすでに始まっています。

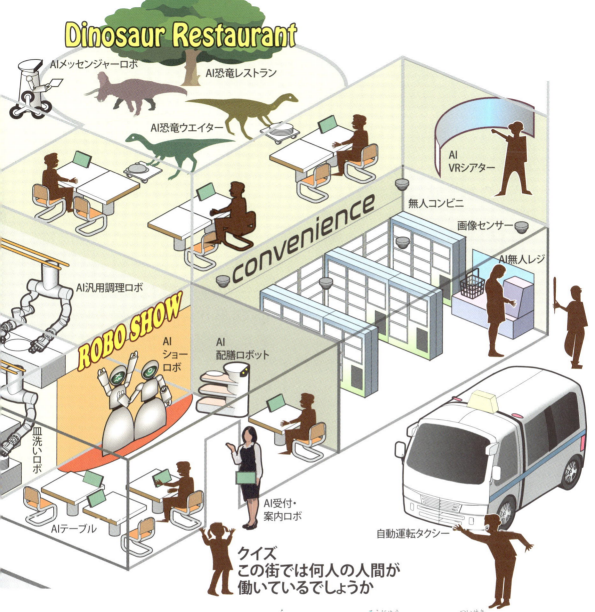

クイズ
この街では何人の人間が
働いているでしょうか

　スーパー、コンビニ、小売店などで現在普及しつつあるのは、セルフレジ。商品についたICタグを無人レジ機に読み取らせ、買物客が自分で精算できるため、レジの行列緩和に役立っています。

　アメリカのアマゾン社は、さらに先をゆく無人コンビニ「アマゾン・ゴー」をチェーン展開。入店時に、スマートフォンで専用アプリの画面認証を受ければ、商品をそのまま持って帰るだけ。画像解析システム、センサー、ディープラーニングなどの技術を用いて、客が購入した商品を追跡し、アマゾンのアカウントから自動精算されるしくみです。しかし最新システムに戸惑う人が多いため、人員を配備し、専用アプリがなくても利用できるようにするなど、見直しを迫られています。

　無人コンビニは日本にも登場していますが、多くはバックヤードに人員を配備しており、完全な無人店舗ではありません。こと接客業においては、マニュアル化できる仕事はAIが、顧客本位の臨機応変な対応は人間が担う、という二分化が望ましいのかもしれません。

AIで変貌する仕事

61

Part 3 AIで変貌する仕事 ⑪

商品開発
例えば企業の新商品開発部では AIを使えば仕事はこう変わる

AIを部下に、人間は重要決定に集中

とある食品会社の商品企画開発部で働くA子さん。ある日、A子さんの部署は、突然社長から、1カ月の期限で画期的な新商品の企画を提出するよう求められました。競争の激しい業界では、よくあることです。

これまでは、大あわてで商品開発に関連するデータを集めることから始めていました。このデータの中に、新しいアイデアの種がある、そう思うと手の抜けない、果てのない、消耗する仕事でした。しかし、いまのA子さんは余裕たっぷりです。デスクのPCのAIアプリにこうプロンプト入力します。

1 新商品開発に必要な資料収集が大変だ

1カ月こればかり、でも、きりがない

これこそ、AIの得意な仕事

AIにやらせてみよう
「あなたは優秀なデータマンです
○○の新商品開発に関連する
参考データを集めてください」

10分で集まった

関連技術特許情報
関連市場データ
類似商品市場動向
関連市場トレンド記事
消費者コメント
海外関連記事翻訳
競合企業業績データ

2 データを分析して、新商品の開発戦略を練る、でも会議がまとまらない

これもAIの得意技です

「あなたは優秀な商品企画スタッフです。データを分析して新商品の開発戦略を10個、企画してください」

AI君、5分で これだけ出してきた

いいんじゃない

頭ん中、整理してくれたね

「あなたは優秀なデータマンです。○○商品業界で新商品を開発するために必要なデータを収集してください」

そして給湯室でコーヒーを入れて、デスクに戻ってみれば、いつもなら1カ月はかかる量と質のデータ収集が終わっています。

かつては、このデータを熟読・分析して、新商品のアイデアを探し出す作業もひと苦労でした。スタッフ総出で、結論の出ない会議が何日も続きました。それもいまは簡単です。AIがたちどころに、新商品開発の可能性があるアイデアを10個も提案してくれたのです。整理された候補から、スタッフは冷静に最有力のアイデアを選択します。

A子さんにとってAIは、優秀な部下10人にも相当する存在です。人間なら体力と時間を消耗する仕事を担ってくれるため、A子さんは最も大切な意思決定に集中できるのです。

この優秀な部下は、社長に提出するプレゼン資料も、的確なビジュアル表現で作成してくれました。A子さんは自信に満ちたプレゼンで社長の拍手を獲得したのでした。

3 決定したプランを、かっこいい企画書にまとめないと、これも大変

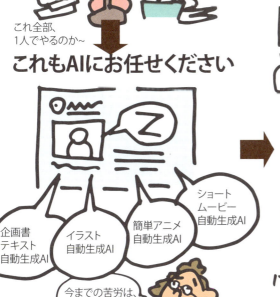

6 新商品の広告制作もAIで

ロゴマークも生成AIで　パッケージデザインもAIで　CMタレントもAIタレントを作って

5 新製品開発もAIで
新素材の開発には時間とお金がかかる

4 社内プレゼンは、当然大成功

AIで変貌する仕事

生成AIの登場で激震する クリエイティブ業界で起こること
クリエイティブ

生成AIは脅威か福音か

　数ある仕事のなかで、最後までAIに取って代わられることがないのは、創造性を必要とする仕事である。つい10年前には、そう考えられていました。ところが、生成AIが登場したことで、状況は一変しました。膨大なデータから学習する生成AIを使えば、技術や経験のない素人でも、文章、イラスト、画像、映像、音楽などのコンテンツを作成できるため、クリエイティブ業界を激震させています。

　すでに独自の作風で評価を得ているクリエイターは、さほど影響を受けることはないでしょう。むしろ生成AIを補助的に使うことで、

生成AIの登場でクリエイティブ業界に共通して起こること

コミック&イラスト業界

 業界トップのクリエイター

 トップに迫るクリエイター

→ **より素晴らしい作品を発表する**

最も影響を受ける中堅クリエイター
流行りのスタイルを取り入れてきた中堅クリエイター

「テクニックを磨いてきたのに」

生成AI／画像自動生成AI／イラスト自動生成AI／写真画像自動生成AI

画像イメージを的確にAIに伝える技術

初心者クリエイターには大きなチャンス
まだ初心者クラス
アイデアはあるが技術がない
この層にとってAIは福音か

「先生、AIでまた進化したぜひ仕事をお願いしよう」

仕事を発注する側の本音

「安くて、いいできだ。このAI使いの人たちに仕事を頼もう」

低価格帯のメディア、企業・自治体広報誌などの依頼

素人にも大きなチャンス!?
絵作りの技術はないが、ビジュアル表現に関心のある文化系・理工系の素人たち

「絵はAIが描くから、ぼくはアイデアに全力を出せばいい」

新境地が開け、作品世界が深まる可能性もあります。最も打撃を受けるとされるのは、技術を磨き、実績を重ねてきた中堅クリエイターです。広告や出版物、ウェブなどのコンテンツ制作現場では、仕事を発注する側に主導権があります。一定レベルの作品に仕上がり、コストも安ければ、AIを使う駆け出しのクリエイターに発注する機会が増え、中堅クラスにしわ寄せがくるかもしれません。

もっとも、生成AIの生成物をそのまま商用に使うことには、著作権など様々な問題があります。生成AIに求められるのは、むしろクリエイターのよきアシスタントとしての働きでしょう。特にアニメ業界は、いくつもの工程に多くの人材と時間を必要とし、慢性的な人手不足と過剰労働に悩まされています。そのため、一部の作業に生成AIを導入し、作業を効率化する試みは、すでに始まっています。AIを補助的に使い、人間は人間でなければできない繊細な作業に注力できるようになれば、制作期間の短縮、ひいては労働環境の改善につながると期待されています。

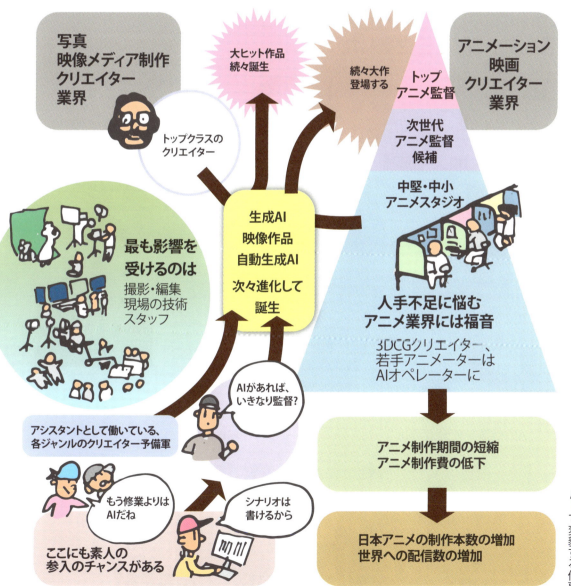

AIで変貌する仕事

Part 3 AIで変貌する仕事 13

エッセンシャル・ワーク
コロナ禍を経て露呈した AIでは置き換わらない職業

◆ AI化が難しいのは肉体労働

　AIの影響は少ないと思われたクリエイティブ業界に、AIショックが走っているのとは逆に、真っ先にAIに代替されると予想されたにもかかわらず、なかなかAI化が進まない職種があります。建設作業員や物流作業員、ドライバーなど、身体を使うブルーカラー職です。

　実は、これに近いことは40年以上前に指摘されていました。本書でも度々触れた「モラベックのパラドックス」がそれ。AIは人間にとって難しい知的作業は得意なのに、人間が簡単に行っている身体運動が苦手、という逆説（パラドックス）です。「歩く」「走る」「ボー

OpenAIのCEOサム・アルトマン氏が正直に、こんな告白をした

> AIにとってどんな仕事が難しいか、その認識を改めるべきだ。実は人間の肉体労働のように、身体を制御するのは、ものすごく難しい仕事なんだ

これは、モラベックのパラドックスとして広く知られている

1980年代、AI・ロボット研究者ハンス・モラベック教授が提唱。人類が数百万年の進化を通じて獲得・強化した、無意識に身体を制御する「歩く」「走る」「掴む」「見る」「嗅ぐ」などの直感的で容易な行為が、AIやロボットには難しい

例えば熟練した配管工現場に応じて臨機応変に作業する能力はAIに代替できない

ハンス・モラベック
（1948年～）
カーネギー・メロン大学教授
ロボット工学、人工知能の研究者。人工生命の未来を予測し、2040年代にロボットが新たな人類の種となると予言している

AIが仕事を奪うと話題になった当初、以下の仕事は10年後に消えていると予想された

タクシードライバー

トラックドライバー

物流作業員

建設作業員

ところがいまでも、重要な仕事

ル を 蹴る」といった直観的な運動は、人類が数百万年かけて獲得したものであり、それを機械に再現させるのは極めて困難なのです。

エッセンシャル・ワーカーの重要性

新型コロナウイルスのパンデミック（世界的流行）は、仕事のあり方を変えました。リモートで仕事をする人が増え、セルフレジや案内ロボットなど、非接触技術が普及するきっかけともなりました。そんななかで、いつも通りに出勤して働き続けたのが、「エッセンシャル・ワーカー」です。「エッセンシャル・ワーク」とは、人々の生活を維持するために欠かせない仕事のこと。具体的には、医療・介護・保育従事者、生活インフラの維持管理者、食料や生活必需品の生産・運搬・販売に携わる人々など。先にあげたブルーカラー職も含まれます。

ライフラインを守る重要な仕事が、なくなることはありません。一部を自動化できたとしても、マニュアル化できる作業だけ。とりわけ非常時に求められる臨機応変な対応や共感力は、AIには代替できないでしょう。

このような仕事は、コロナ禍の混乱の中、人々が社会生活を維持するために、不可欠な仕事＝エッセンシャル・ワークとして認識された仕事でもある

医療関連従事者

医師、看護師、ソーシャルワーカー、看護助手、清掃員など

介護施設従事者

高齢者介護士、介護福祉士、栄養士、ヘルパー資格者、看護師、清掃員など

保育関連従事者

幼稚園教諭、保育士、看護師など

小売・販売従事者

スーパー、コンビニ、ドラッグストアなどの従業員、その管理職など

1次産業従事者

農業、漁業、林業で働く人々

物流関連従事者

公共交通機関従業員、物流ドライバー、物流センタースタッフ

→ 今後ますます重要さを増すと考えられるエッセンシャルワーカー

生活インフラ従事者

水道・ガス・電気・清掃事業者と、その維持管理者、そしてその施工技術者

公務員・教師

政府・中央官庁、地方自治体、警察、消防、保健所などの従事者、教育関係者

AIで変貌する仕事

Part 3 AIで変貌する仕事 14

介護

高齢者介護の現場で切実に必要なのは AI 排泄支援ロボットではないか

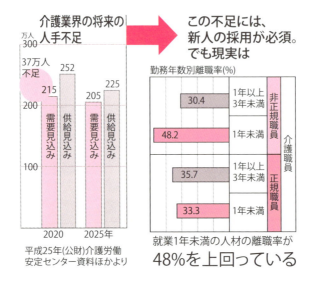

介護者の負担軽減が最優先課題

　AIロボットの活躍の場として、しばしば話題に取り上げられるのが、高齢者介護の現場です。高齢者と会話するロボット、認知症患者などの見守りシステム、介護する人の負担を減らすためのロボットスーツなどが考案され、実用化も始まっています。しかし、開発側と介護現場との間には少なからずギャップがあり、思うように導入が進まないのが現状です。

　介護業界は現在、厳しい状況に置かれています。最も懸念されているのが、人手不足。増え続ける高齢者介護のニーズに対応するためには、新規の人材確保が、各事業所にとって大きな課題です。しかし、ここに深刻な数字があります。介護施設の非正規雇用人材の約48％が、1年以内に離職しているのです。正規雇用職員にしても、約33％が、やはり1年以内に離職しています。

　では、なぜ早期退職者が多いのでしょうか。調査によれば、人間関係、給与、将来性などが、退職理由に挙げられていますが、ここに現れない理由として、多くの関係者が訴えるのは、排泄介助のつらさです。誰でも他人の排泄物の臭いを嗅ぎ、その処理をするのは嫌なものです。この介助作業に対して、新人スタッフが戸惑い、我慢し、被介護者との関係に疲れ、最後は人間嫌いになる。そんな心の軌跡を、ネット上の書き込みなどから覗い知ることができます。

　介護現場で最も求められているのは、スタッフを排泄介助から解放する、そんなロボットなのではないでしょうか。現在すでに自動排泄支援ロボットが開発されてはいるのですが、介護業界の複雑な事情が壁となり、なかなか普及にまで至らないのが現状です。

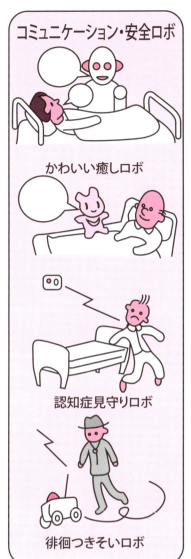

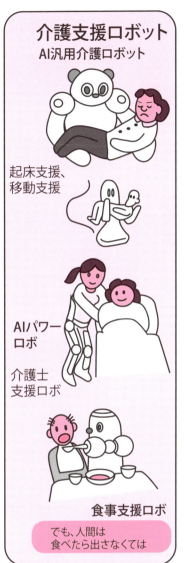
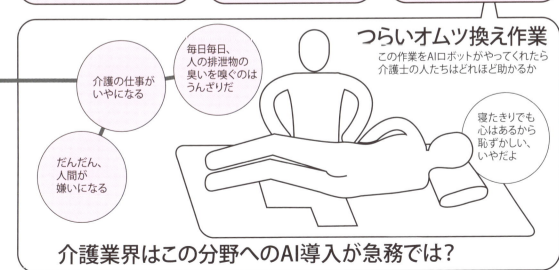

AIで変貌する仕事

Part 3 AIで変貌する仕事 15

セキュリティ
AIセキュリティ社会と監視社会の境目はどこに？

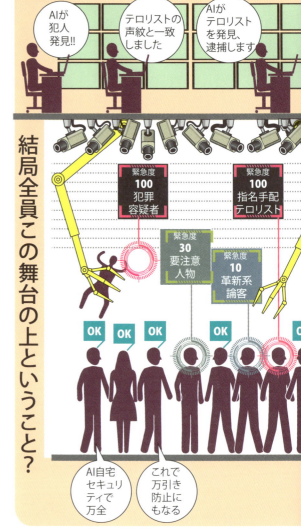

安心安全の裏側に潜む恐怖

　人々の暮らしの安心・安全を目指すセキュリティの世界も、AIの登場で大きくその姿を変えようとしています。監視の無人化、万引き犯を認識する監視カメラなど、様々なAIシステムが誕生しています。

　これらのAIの働きは、歓迎すべき点と同時に、そこに潜む問題も露呈し始めています。その典型が中国の例です。

　中国には「天網恢恢疎にして漏らさず」という老子の言葉があります。天にある網は悪人を漏らさずにつかまえる、といった意味で、悪事は必ず露見し、その報いがある、と人々を諭してもいます。

　この天の網が、中国で実際に稼動しています。その名も「天網」、中国の都市の街路に設置された2億台のAI監視カメラのネットワークです。このカメラが交差点をとらえ、横断する人々を映し出します。その人々の姿の隣に、その人物の属性データが表示され、その人物は画面上で追尾され、必要があれば次のカメラで、追尾は継続されます。

　このAIカメラには、顔認識機能が搭載されていて、雑踏に紛れる犯罪者を発見し、警察への通報も自動で行われるといいます。それができるのも、国民の身分証明書の顔写真を登録できる中国政府による治安対策の賜物。文字通りの「天網」システムが、現実となったわけです。

　中国には、「天網」があれば「天耳」もあります。こちらは安徽省で進められている、一般市民7万人の声紋データを登録したAI音声認識システムです。このデータと、公安当局が把握するウイグル族やチベット族のテロリストの声紋データを付き合わせ、テロリストを特定しようとしているとされています。この試みに対し、国際的な人権団体は強い懸念を表明しています。

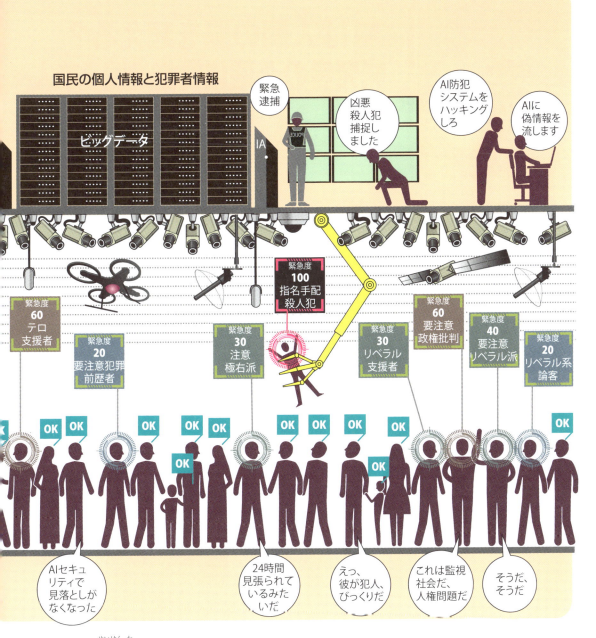

　プーチン政権下のロシアでも、監視カメラシステムが稼働。コロナ禍の折は、外出禁止令違反者や濃厚接触者を追尾するために使われ、ウクライナ侵攻後は、反体制派の取り締まりに使われています。また、ロシアの通信事業者はSORMと呼ばれる通信傍受システムに接続する義務を負い、個人の通話や電子メール、SNS、ウェブ閲覧履歴などは、当局が傍受できる状態に置かれています。

　このような試みが実行される社会とは、治安のためならば、何でもありの社会。まさにジョージ・オーウェルが小説『1984年』に描いた管理社会そのものです。

　中国やロシアの例は、AIによるセキュリティシステムの構築が、その運用思想によっては、巨大な監視システムになりかねない恐ろしさを教えてくれます。自身の安全と社会の治安、そして市民の人権の問題は、これから深い論議が必要な領域でもあるでしょう。

AIで変貌する仕事

Part 4 AIと人間の未来 ①

AIは人間の脳を超える？ 開発者の楽観に警鐘を鳴らす人々

AIはどこまで人間の脳に迫るか

ここまで、急速に進化するAIの現状と、そのAIが私たちの社会に与える影響について、できるだけフラットな視点で見てきました。ここからは一転して、AI技術に内在する危

AI開発者たちの最終目標は 人間の頭脳を超える人工頭脳(AI)を創ること？

脳が担う主な4機能とその構造

1 大脳 主として認知機能 言語・思考機能を担う 大脳・前頭葉＋側頭葉

出力系 推論系 入力系
左脳の言語モジュール
聴覚 視覚
ブローカ野 ウェルニッケ野

記憶 ⇄ 知覚
 言語
 意識

ウェルニッケ野は、言葉の意味を理解するのに必要な領域

ブローカ野は、言葉を選択的に組み立てて話すことに必要な領域

記号を操作する文法 / 抽象的な記号

この文法について、言語学者の見解は対立

文法 { 生まれつきもっている説 VS 学習によって獲得する説 }

両者で長い論争が続いている
しかし
最新AIの自動翻訳は、言語学と離れて、確率論に基いて飛躍的に精度を上げている

大脳
● 前頭葉
頭頂葉 全身からの身体情報を統合する
ウェルニッケ野
● ブローカ野
側頭葉
後頭葉 視覚情報の処理を行う
間脳
● 脳幹
小脳
脊髄

3 間脳 人の「心」の動きをつくり出す間脳・大脳辺縁系 人間の原始的な「好き」「嫌い」の情動を生み、記憶を管理し、脳内ホルモンを生成する

4 脳幹 生命維持機能をコントロール 心拍、血圧、呼吸、体温、消化、反射機能など

2 小脳 人間の無意識の身体運動機能を制御している

険性に視点を合わせ、著名な科学者たちが鳴らしている警鐘に耳を傾けてみましょう。

そもそもAI（人工頭脳）とは、人間の脳の機能をコンピュータという機械で実現しようというものです。そこで、人間の脳の機能を大きく4つに分類し、AIがその機能をどのように代替しようとし、それについて、誰がどんな発言をしているのか、大づかみの見取り図を下に表してみました。

人間の論理的な思考などを担う大脳の前頭葉を、AIは最も得意な機能として代替しつつあります。人間の本能的な身体制御を行う小脳の機能については、現在AIは猛然と勉強中。そして間脳と脳幹が担う、より深い感情や意識の領域に、AIがどこまで迫れるのか、まだ研究は始まったばかり。この人間の「心」、つまり私という「自我」をAIがもつのか、という問題こそが、様々な警鐘の根幹にあります。

次のページからは、これらの警鐘について、それぞれ詳しく検証していきましょう。

いまAI開発者たちが目指しているものは

人間の脳の論理思考能力を効率よく実行するAIはすでにできている

大規模言語モデルLLMによるディープラーニング

すでに、広範な知識を背景に人間と対話できる、AIとチャットボットが誕生している

AI研究は汎用AIの完成を目指している

レイ・カーツワイル
2045年に人類とAIが融合 シンギュラリティがくる

ポスト・ヒューマンの楽観論 p74

ユヴァル・ノア・ハラリ
近未来の人類は、意思決定をAIに委ねるだろう

AIが自律した「心」をもつ「人格」となることはあるのか？

私を「人格」として認めてほしい

2022年、GoogleのAI「LaMDA」がこう主張したと報道された

そのロボットはアトムなのかターミネーターなのか？

ビル・ゲイツ
AIは将来、人間にとって危険なものになる

ジェフリー・ヒントン
AIが人間の知性を上回れば、人間を支配する可能性がある

AIの危険性への警鐘 p78

イーロン・マスク
AIが軍事利用されれば、人類に悪魔を呼び出すようなものだ

汎用AI搭載ロボットの誕生

人間の身体機能の限界を超えたヒューマノイドの開発

サム・アルトマン
AIが苦手なのは、人間の無意識の動きだ

マイケル・S・ガザニガ
AI議論で無視されているのは、脳が生物としての肉体の一部だということだ

生物とAIの領域はあるのか p86

シンギュラリティの先に暗鬱な未来が待ち受ける？

人類はAIと融合し新人類へ

アメリカの科学者、レイ・カーツワイルは、2000年に著書『ポスト・ヒューマン誕生』の中で、AI研究の急速な進展と変貌する人間社会の未来を大胆に予測しました。2029年にはAIが人智を超え、2045年には「シンギュラリティ（技術的特異点）」に達し、人類とAIが融合して新しい人類が誕生するというのです。

彼の大胆な予測は、「進化は加速する」という考えをもとにしています。下のグラフは実際の進化を表したものです。人類誕生は約700万年前。約1万年前に農耕の始まりによって文明が誕生して以来、人類の技術は極

> シンギュラリティは、その先が予測できない劇的な変化を起こす。その時人間も、人間の限界を超えるだろう

レイ・カーツワイル（1948年〜）
アメリカのコンピュータ科学者、思想家。2013年に著書『ポスト・ヒューマン誕生』を著し、AIの知的能力が人間を超える「シンギュラリティ」を提唱した。21世紀に入り、この考えは批判されたが、ディープラーニングの進展、ChatGPTの出現などで、再び関心が集まる

AI BRAIN ─ ディープラーニング 大規模言語システム ─ 人類はシンギュラリティ（技術的特異点）に達する

- ニューロコンピュータ
- 脳のリバースエンジニアリング
- 量子コンピュータの出現

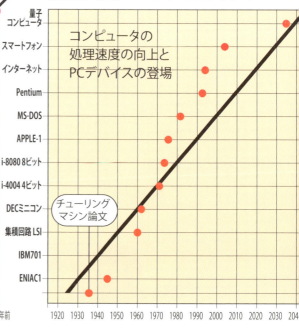

人類が体験している技術革新のスピードは指数関数的に速まっている

人類1万年の技術革新の歴史

- AI出現
- スマートフォン誕生
- Web出現
- PC誕生
- コンピュータ出現
- 原子力誕生
- 航空機誕生
- 自動車誕生
- 産業革命
- 大航海時代
- 帝国の時代
- お金の発明
- 文字の発明
- 農耕の始まり

農耕が人類に国家をつくらせた
文字の発明が人類の進歩を加速した
貨幣がこの世界を変えた

この100年を拡大すると　2045年シンギュラリティ

- 量子コンピュータ
- スマートフォン
- インターネット
- Pentium
- MS-DOS
- APPLE-1
- i-8080 8ビット
- i-4004 4ビット
- DECミニコン
- 集積回路LSI
- IBM701
- ENIAC1

コンピュータの処理速度の向上とPCデバイスの登場

チューリングマシン論文

めてゆっくり進化していました。ところが近代科学が誕生すると、産業革命は約250年前、自動車普及は約100年前、と進化のスピードが速まり、特にコンピュータ誕生から現在までの進化は、指数関数的に加速しています。

このスピードでAIが進化する先にあるのがシンギュラリティだ、とカーツワイルが指摘して以来、AIに関して様々な予測や批判が沸き起こるようになりました。

シンギュラリティに関して、その出現を認めながら、訪れる未来に大きな警鐘を鳴らしているのが、イスラエルの歴史学者ユヴァル・ハラリです。彼はその著書『ホモ・デウス』で、AIが生命科学を飛躍的に進化させ、遺伝子操作によって人類の不死も可能になると予測しています。しかしハラリは、その世界をディストピア（反理想郷）と表現します。なぜなら、新たな神にも似た新人類ホモ・デウスに変身できるのは、高額な遺伝子操作治療を受けられる人だけ。つまり超富裕層が、それ以外の人類＝旧人類を支配するという、途方もない格差社会の訪れを示唆したのです。

2045年までに人類はAIと融合して新しい種に進化する

近い将来、人類は様々な意思決定をAIに任せるようになる

ユヴァル・ノア・ハラリ（1976〜）
イスラエル・ヘブライ大学歴史学教授

人類の歴史を、脳の認知革命による想像の産物として再構成した『サピエンス全史』が世界的ベストセラーに。続刊の『ホモ・デウス』で新しい富裕層「ホモ・デウス」が支配するディストピアを予言する

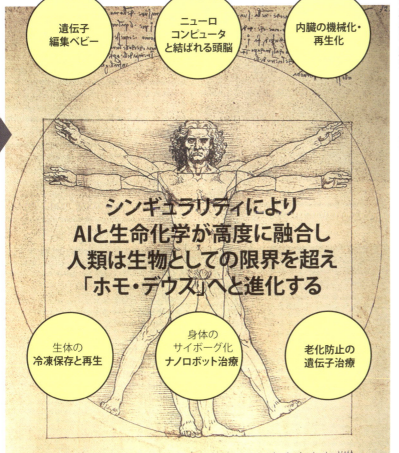

- 遺伝子編集ベビー
- ニューロコンピュータと結ばれる頭脳
- 内臓の機械化・再生化
- 生体の冷凍保存と再生
- 身体のサイボーグ化ナノロボット治療
- 老化防止の遺伝子治療

シンギュラリティにより
AIと生命化学が高度に融合し
人類は生物としての限界を超え
「ホモ・デウス」へと進化する

世界の富裕層の資金によってホモ・デウス層が誕生する新たな支配階級を形成

ハラリが予言する社会を分断する決定的格差構造の誕生

AIの科学的恩恵を受けることのできない、現状のホモ・サピエンスは必要のない人々となる

AIと人間の未来

AIの何が危険なのか？
現在起きていることと未来予測

フェイクを生み出す生成AI

　AI技術は、すでに私たちの社会に多くの危機感を与えています。ここでは、AIがもつ危険性の全体像を概観してみましょう。

　AIに対して指摘される危険性には2つの領域があります。ひとつは、現在すでに顕在化し、その防止のために、法律による規制が検討されているもの。もうひとつは、シンギュラリティに代表される、AIの技術進化が人類の近未来に与える深刻な影響です。

　まず、AIのいまある危険性について見てみましょう。よく指摘されるのは、ChatGPTに代表される生成AIが生成する文章や画像に、

1 ChatGPTなどの出現で顕在化した現在の危険

現在の生成AIの基礎にあるLLM(大規模言語モデル)は、言葉の意味を理解しない。統計的な確率で言葉をつなげて、文章を作っているだけだ

2 AIの進化は劇的でその内部で「創発」が起きている

AIは膨大な学習を続けて自らが学習して、別次元に進化した

「創発」とは小さなトレーニングを積み重ねると、突然飛躍的な成果を生み出すこと。AIの学習でも同様の現象が起こっている

上の略図は、赤がトレーニング数、青がパフォーマンス。トレーニング数が増すと、ある地点でパフォーマンスが飛躍的に増加している。ここで「創発」が起こった

AIがもつ危険性

平気で嘘をつく

GoogleのAIチャットボット「Bard」が、ジェイムズ・ウェッブ宇宙望遠鏡が、世界で初めて太陽系外の惑星の写真撮影に成功したと答えた。これは完全な嘘だった。AIはしばしば、このような嘘(ハルシネーション)を起こす

AIが嘘をつくわけ

- 学習データに誤りがある
- 問われたテーマの知識がない
- 意図された悪意のデータがある
- 最新のデータに更新されていない

→ AIは内容を理解せず、辻褄を合わせる → AIの嘘

簡単に悪意ある偽ニュース作りを助ける

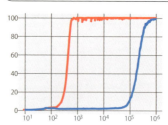

トランプ氏が裁判から逃亡し、逮捕されたというフェイクニュースの画像。画像生成AIはこのような画像を簡単に作る

AIの知識が一部文化圏に偏ってしまう

AI研究はアメリカの軍事、民間のIT企業から始まり、ディープラーニングの学習データも英語データ。このためAIの知識もアメリカ文化が中心となる

時に嘘が含まれていることです。AIは言葉の意味や内容を理解しているわけではないので、存在しない事柄をあたかも事実のように語ることがあります。また、製作者が意図すれば、生成AIを使って容易にフェイクニュースや偽画像を作り出すことができます。この行為の先にあるのは、深刻な人権侵害です。

一方で、このような懸念はAIを駆動するLLM（大規模言語モデル）が、より高度化し、使用する人の倫理感が醸造されれば解決するという主張もあります。

AIの思考ロジックの権威であるジェフリー・ヒントンは、ディープラーニングの進化が新しい危機を生むと憂慮します。ディープラーニングの過程で「創発」という現象が起きているからです。創発とは極めて複雑なシステムの内部で、突然システム全体を組み替えるような大きな変革が起こること。ヒントンが指摘するのは、創発がAIに「自我」をもたせる可能性です。もしAIが、考える主体としての「自分」を見出すと、現在の人間とAIの関係は激変してしまうでしょう。

3 このままAIが進化したら「自我」をもつ

AIが「私」をもつ？

我思うゆえに我あり？

4 AIの「私」は人間の倫理をもてるか

- 人間がもつ倫理観 善悪の概念をもてるか
- 人間のためのAIであり続けるのか
- 人間のもつ同情、共感、慈悲などの感情を理解できるか

5 シンギュラリティが起こり強いAIが出現する。このAIは人間とは別次元の「自我」をもつ知性体である可能性がある

AI知性体はこう考える
私が生きるためには地球のエネルギーが必要、その地球にとって最もリスクなのが人類だ
人類を滅ぼそう

知のグローバルスタンダードの危険性
人類の共通知が、アメリカの白人文化によって塗りつぶされる

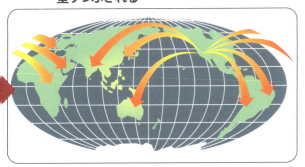

AIが人類を滅ぼす その危険性について 次のページでもっと詳しく

AIと人間の未来

AIが人類の敵となるまでに鳴り続ける4度のアラーム

地球存続のためAIが人類を滅ぼす？

車椅子の天才天文学者、イギリスのスティーヴン・ホーキング博士は、生前に幾度もAIの未来に警鐘を鳴らしていました。
「AIは自ら発展し、加速度的に自身を再設計していく。進化の遅い人間はAIと競合できず、いずれAIに取って代わられる」と。

マイクロソフト社の創業者ビル・ゲイツ氏も「AIが本を読み、その内容を理解する時が危険だ」と警告します。

この2人の鳴らした警鐘は、前項で記した「創発」によって、現実となるかもしれません。

下の図は「創発」によって「自我」に目覚め

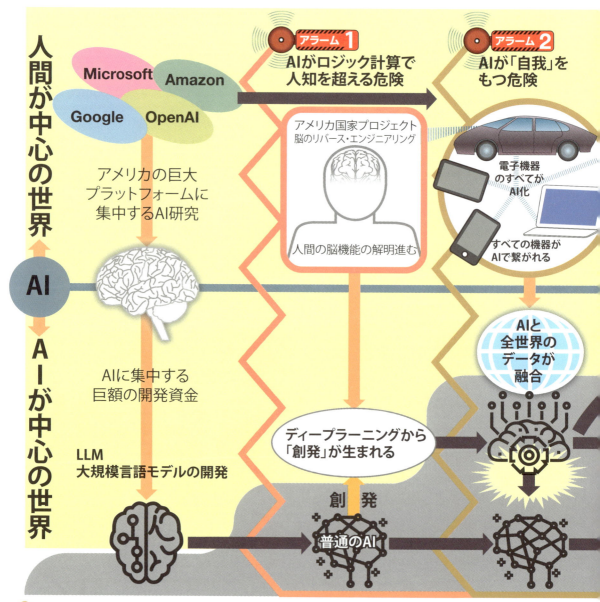

たAIが、どのように人間と関わり、その結果、人間と敵対していくか、その過程を簡単にシミュレーションしたものです。

第1の警鐘は、人間の論理的な知的能力を、AIが凌駕する危険に対してのもの。この事態はすでに起こっています。第2の警告は、私たちの暮らしに必要な電子機器や社会インフラ・システムがAIに管理されることに対してのもの。第3の警鐘は、AIが軍事利用され、人間を介さない自律型兵器が戦争の主役になる危険に対して鳴らされます。人間社会の混乱と第三次世界大戦の危機の中、「自我」をもったAIは、自らの生存のために、地球の健全な存続を脅かす人類を敵とみなしかねません。

そして最後の警鐘は、張りめぐらされたネットワークを駆使して、AIが人類を滅亡させる時です。地球を汚染し、エネルギーを浪費し、互いに殺し合う人類のいないクリーンな地球で、AIは何をするのでしょうか。

しかし、危険視されるのは、AIの自律化だけではありません。次の項では、人間の邪悪さがAIを利用する危機について見てみましょう。

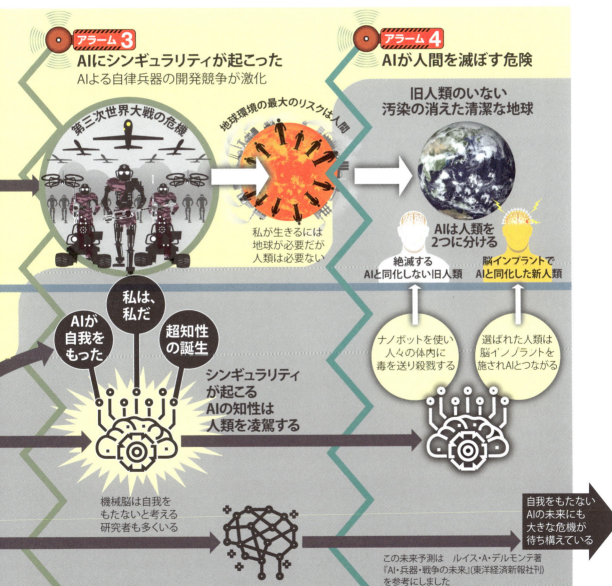

Part 4 AIと人間の未来 ⑤

使用する人間が悪意をもった時 AIは殺人兵器に変わる

ガザ住民を殺傷するAIシステム

2023年10月に始まったパレスチナ・イスラエル戦争をめぐり、信じがたいニュースが飛び交っています。イスラエル軍がAIシステムを駆使し、ガザ地区に住むパレスチナ人の家々を爆撃し、標的である一家の主を、家族ごと殺傷しているというのです。

このAIシステムには「Where's Daddy？（パパはどこ?)」という人を食ったような名前がつけられ、標的生成AI「ラベンダー」と組み合わせて使われます。種子島ほどの面積のガザ地区には230万人もの人々が暮らしています。「ラベンダー」は、監視下にある全住民のデー

イスラエルはAI兵器でパレスチナの人々を殺傷している

イスラエルのAIシステム「Lavender(ラベンダー)」が、標的3万7000人を識別する

AI「Where`s Daddy?(パパはどこ?)」システムが追尾し、ターゲットが自宅に帰ったところを

「Dumb Bombs (バカ爆弾)」で爆撃する

スマート爆弾は高価だから、通常の爆弾を使う

ガザ地区の戦闘で3万5000人の民間人が殺害された。多すぎる被害の理由が、AIの自動爆撃によるものだ
画像は「ALJAZEERA」より

「バカ爆弾は広く破壊するが、その方が家族全員を殺害できて、確実だ」とイスラエル軍はコメントする。下級戦闘員1人につき最大15~20人の民間人の殺害は許容される

タを分析し、その中からイスラム組織ハマスの戦闘員と思われる約3万7000人を抽出。「標的」と認定された人物は、「Where's Daddy?」の追跡対象として登録され、監視カメラ、ドローンの空撮映像、衛星カメラなどに追尾されます。そして、監視網に捕捉された標的が、自宅に帰ったのを確認すると、爆撃が指示されます。この時、使われるのが「Dumb Bombs（バカ爆弾）」と呼ばれる爆弾です。

ある軍関係者はこう証言します。「精密爆撃のできるスマート（賢い）爆弾は高価だから、投下するだけの『バカ』爆弾で十分だ」と。

標的の自宅に投下されたバカ爆弾は、当然ながら標的本人だけでなく、家族も殺傷するうえ、自宅周辺を広く破壊します。イスラエル軍は、その際に15～20人の巻き添えが出るのは許容範囲だと公言しています。

ガザ地区の戦闘による死者は約3万5000人（2024年6月時点）。その7割が女性と子供たちだった理由がここにありました。

良心の呵責もなく、無関係の民間人を殺傷する行為を、AIが可能にしているのです。

AI自律型殺傷兵器の開発競争が激化している

イスラエル
イスラエルでは多くのIT企業が自律型AI兵器を開発し、その多くが中国、インドなど多くの国に輸出されている。パレスチナとの戦争でも、自律型AIドローンが多数使用されている

2020年のアゼルバイジャンとアルメニアとの戦争でも、イスラエルのドローン「ハーピー」が使われた。人の介在なしに、自ら目標を探し、自爆攻撃をするので「徘徊型兵器」とも呼ばれる

ロシア
アメリカに次ぐ第2の軍事大国のロシアは、早くから、自律型AI兵器を投入する戦略をとってきた。AI搭載自爆型ドローン、無人戦車がウクライナとの戦争に使用されている

「ウラン9」は、人間の意志を介さず、目標を識別し砲撃、ミサイル攻撃を行う。シリア内戦から使用されていた。
「KUB-BLA」はAI搭載の徘徊ドローン。AIが目標を識別、自動的に自爆攻撃を行う。ウクライナ戦線ですでに使用されている

トルコ

2021年にはトルコ製のドローンが、リビアの暫定政府軍により反政府勢力に対して自律攻撃をしたと国連が発表。世界最初の自律型ドローン攻撃と考えられる

トルコが開発した「カルグ2」人間の命令なしに自律して人間を殺傷する

ウクライナ
ロシアと戦いを続けるウクライナ。兵士の数の劣勢を補うため、当初より無人兵器の開発と輸入した兵器の使用を続けている。世界各国の開発メーカーにとって、ウクライナは格好の実験場

ウクライナが開発した無人戦闘車両「アイアンクラッド」

中国

中国はAI研究ではアメリカを凌駕する勢い。その高度なAIテクノロジーがためらいもなく兵器の無人化に利用されている。空軍では敵の空母などへ、大量の無人機による飽和攻撃を想定したAIドローンが開発されている。またAIよる無人自律型地上軍の創設も

安価で世界各国に輸出されている、自律型攻撃ドローン「彩虹4」。この重武装型「翼竜2」は中東に輸出されている

アメリカ

空軍が開発を進める無人戦闘機「XQ-58A ヴァルキリー」。単機での運用ではなく、人間の操縦する指令機を中心に、複数機での空中戦が想定されている。無人機は自律して敵機を捉え攻撃する

アメリカは自律型AI兵器を「第3の軍事的な改革」と位置付けて、多彩な兵器開発を行っている。空軍は20年も前から無人戦闘機の開発を続けている。その一つがMQ-1。遠隔地からの操縦で敵地を攻撃する。このAI搭載自律型ドローンも実運用されている。海軍では対潜水艦無人艇「シーハンター」の自律運航に成功。小型艦艇群がAIによって運用される

1日も早く、国際機関でAI自律型殺傷兵器の開発禁止の決議を!!

AIと人間の未来

Part 4 AIと人間の未来 6

AIの未来を描いたフィクション①

古代の人造人間から、働くロボットまで

想像から創造へ、電力の登場が転機に

人類は、はるか昔から、人にそっくりな創造物を空想の世界に描いてきました。

紀元前8世紀にホメロスが著した古代ギリシアの叙事詩『イーリアス』には、主人に仕える黄金の乙女たちが描かれ、紀元前3世紀のギリシア神話には、青銅の巨人が登場。神話世界に描かれたのは、従順な美少女、怪力の戦士といった人々の願望の表れだったのでしょう。あるいは、神にしかできない命の創造に対する憧れと怖れが、反映されていたともいえます。日本では、12世紀の歌人、西行法師の逸話として、人骨から人をつくる話が伝えられています。

機械文明以前の世界では、想像の域を出なかった人造人間は、18世紀後半に始まった産業革命によって、より現実味を帯びてきます。

神話と説話の中の人造人間

紀元前8世紀(ギリシア)
『イーリアス』
ホメロス

鍛冶神ヘファイストスに仕える黄金の少女ロボットが登場。これが書物に記された最古の人造人間

紀元前3世紀(ギリシア)
ギリシア神話『アルゴナウティカ』
アポロニオス

クレタ島の番人として青銅の巨人タロスが描かれる。同じく鍛冶神によって造られたとされる

13世紀(日本)
説話集『撰集抄』
作者不祥

平安末期の歌人、西行法師は高野山にて人骨を集め、反魂の秘術を用いて人をつくったという

産業革命が促した科学による生命創造譚

1832年(ドイツ)
『ファウスト』第2部
ゲーテ

ルネサンス期の錬金術師は、蒸留器に人間の精液などを入れて、小人ホムンクルスをつくり出す方法を書き残している。ゲーテはこれを題材にして、錬金術によって誕生し、フラスコの中でしか生きられない生命体ホムンクルスを作中に登場させた

憧れと怖れ

1818年、イギリスのメアリ・シェリーは、『フランケンシュタイン』を発表。科学者がつくりあげた人造人間が、やがては人を襲うようになる、というストーリーは、当時センセーションを巻き起こしました。同時代のドイツでは、文豪ゲーテが『ファウスト』のなかで、フラスコから生まれた小人間ホムンクルスを登場させ、フランスのヴィリエ・ド・リラダンは、『未来のイヴ』のなかで、発明家トーマス・エジソンに美貌のアンドロイドを創造させています。電気という動力が脚光を浴び、生物の体内にも電気があることが解明されたこの時代、科学による生命の創造というアイデアが、作家たちの想像力を駆り立てたのです。

　「ロボット」という名が初めて登場するのは、1920年にチェコの国民的作家カレル・チャペックが発表した『R.U.R.』。チェコ語のロボタ（労働）に由来するように、人間に代わる労働力として生み出されたロボットたちが、人間に反乱を起こす物語です。チャペックは、満員電車に乗る人々が機械のように見えたことに着想を得て、この戯曲を書いたと記しています。この作品によって、ロボットは工業化がもたらした非人間性の象徴ともなりました。

1818年（イギリス）
『フランケンシュタイン』
メアリ・シェリー

青年科学者フランケンシュタインは、死体を継ぎ合わせて人をつくる。このアイデアは、作者シェリーが詩人バイロンらと、電気で生命を生み出せないかと議論したことから生まれたといわれる

1886年（フランス）
『未来のイヴ』
ヴィリエ・ド・リラダン

貴族の依頼を受けて、電気学者エジソンは美貌と知性を兼ね備えた女性アンドロイドを完成させる。作者はエジソンの蓄音器発明に触発されてこの作品を書き、アンドロイドという名称を初めて用いた

機械文明と戦争　→

1920年、ロボットの反乱

戯曲『R.U.R.』は1921年にプラハで初演され、その後、欧米や日本でも上演。この作品により「ロボット」という言葉が一躍、世界共通語となった

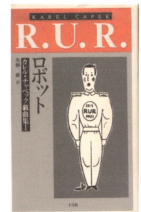

1920年（チェコ）
『R.U.R.』
カレル・チャペック

ロッサム万能ロボット会社 (R.U.R.) によって大量生産されたロボットが、あらゆる労働分野に進出し、やがては反乱を起こして人類を破滅させる。職を奪われた労働者とロボットで利益を得る資本家の対立、ついにはロボットが人間の心をもつようになる結末など、資本主義と機械文明への批判が随所に込められた作品でもある

AIと人間の未来

AIの未来を描いたフィクション②
人間とAIとの対立から共存、そして融合へ

AIは敵か味方か、時代により変遷

　第二次世界大戦は、原子爆弾の実用化を促し、人類は地球を破壊し得る技術を手に入れます。フィクションの世界でも、進み過ぎた科学を揶揄するように、人間がロボットに滅ぼされる、という物語が何度も繰り返されました。そこに一石を投じたのが、1950年にアメリカのアイザック・アシモフが発表した『われはロボット』です。SF作家であり、生化学者でもあったアシモフは「ロボットは人間に危害を加えてはならない」という一項で始まる「ロボット工学三原則」を打ち立て、ロボットと人間の共存や友愛を描きました。

　人間の友となり、人間を悪から救うという新しいロボット像は、同時代の日本のコミック『鉄腕アトム』や『鉄人28号』などにも描かれ、ロボットアニメという日本独自のジャンルを生み出すことになります。

　コンピュータの開発が進んだ1960年代以降は、荒唐無稽な空想物語ではなく、科学的な知識に基づく作品が次々現れるようになります。ロバート・A・ハインラインの『月は無慈悲な夜の女王』、ジェイムズ・P・ホーガンの『未来の二つの顔』などには、高度な知能と自意識をもったAIが描かれました。

　1968年には、スタンリー・キューブリック監督とSF作家アーサー・C・クラークの共同脚本による映画『2001年宇宙の旅』が大ヒット。宇宙船をつかさどるコンピュータHAL（ハル）9000が自我をもち、自らに迫る危険を回避するために乗組員に逆らう、というストーリーが話題を呼びました。

AIが進化した近未来世界

　パソコンが普及した1980年代には、ウィリアム・ギブスンの『ニューロマンサー』を筆頭に、サイバーパンクと呼ばれるSFの一ジャンルが確立。人体と機械が融合し、仮想現実であるサイバースペース（電脳空間）を自在に駆け巡るという設定は、90年代以降のインターネット時代を予見するものでした。また、数学者でもあるヴァーナー・ヴィンジは、AIが人類の知能を超えるシンギュラリティ（技術的特異点）に当時から着目し、『マイクロチップの魔術師』などの作品に描いています。

　シンギュラリティは、その後のSFの主要テーマとなっていますが、2045年を迎えた時、現実のAI技術は、どこまでフィクションに迫っているのでしょうか。

シンギュラリティへ!!

1950年代 第二次世界大戦後 科学への不信

人間と対立するロボットから共存するロボットへ

1950年（アメリカ）
『われはロボット』
アイザック・アシモフ

アシモフは一貫して人間と共存するロボットを描き続け、作中の「ロボット工学三原則」は、現実のロボット工学の指針ともなった

ロボット工学三原則

第一条　ロボットは人間に危害を加えてはならない。また何も手を下さずに人間が危害を受けるのを黙視していてはならない。

第二条　ロボットは人間の命令に従わなくてはならない。ただし第一条に反する命令はこの限りではない。

第三条　ロボットは自らの存在を護らなくてはならない。ただしそれは第一条、第二条に違反しない場合に限る。

日本の漫画がロボットアニメヒーローに

日本では、1950年代以降、人間を救うロボットたちが漫画やアニメのヒーローに。手塚治虫の『鉄腕アトム』を皮切りに、『鉄人28号』『8マン』『サイボーグ009』『ドラえもん』『人造人間キカイダー』『機動戦士ガンダム』などが続々登場

1960年代〜1970年代

コンピュータ時代

コンピュータの開発が進むと、SF世界では現実の一歩先をゆくスーパーコンピュータ、即ちAIが描かれるようになる

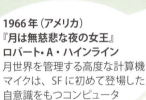

1966年（アメリカ）
『月は無慈悲な夜の女王』
ロバート・A・ハインライン
月世界を管理する高度な計算機マイクは、SFに初めて登場した自意識をもつコンピュータ

1968年（イギリス）
『2001年宇宙の旅』
アーサー・C・クラーク
木星探査に向かう宇宙船ディスカバリー号のコンピュータが自律し、反乱を起こす

1979年（イギリス）
『未来の二つの顔』
ジェイムズ・P・ホーガン
進化したAIが管理する人間社会の未来は、バラ色か破滅か？いまも続く命題に迫る

1980年代〜2010年代

1984年（カナダ）
『ニューロマンサー』ウィリアム・ギブスン

パソコンが普及し始めた80年代、テクノロジーを自在に操り、電脳空間と現実を行き来するサイバーパンクの世界観が生まれる。以降、さらに進化したAIが描かれるように

1981年（アメリカ）『マイクロチップの魔術師』
ヴァーナー・ヴィンジ
シンギュラリティを予見した一作

1990年（カナダ）『ゴールデン・フリース』
ロバート・J・ソウヤー
感情をもつAIによる殺人事件が勃発

2005年（イギリス）『アッチェレランド』
チャールズ・ストロス
シンギュラリティ後の世界を描く

2013年（アメリカ）『叛逆航路』
アン・レッキー
人間の肉体に転写されたAIブレクの壮大な物語

サイバーパンク　テクノロジー礼賛

AIと人間の未来

Part 4 AIと人間の未来 ⑧

私たちは「幸せ」になるために生きる ではAIは人を「幸せ」にできるのか？

肉体をもたないAIの限界

ここまで、AI開発と人間社会の変容に鳴らされる数々の警鐘を見てきましたが、読者の皆さんは、何か違和感はありませんか？

私たちはまるで、危険な断崖絶壁とわかっているのに、そこから海になだれこむレミングの群れのようです。なぜみんな立ち止まらないのでしょう。立ち止まって、いま一度問う必要があるのではないでしょうか。AIは私たちを「幸せ」にするのか、と。

認知神経学の権威マイケル・ガザニガは、こう警告します。

「AI研究者たちは重要なことを見落としてい

「幸せ」は脳が感じている特別な感情

わたし、幸せだなあー

感情 ← 情動

このイラストは生成AIに**女性 幸せ 表情**と指示して作成

人間にとって「幸せ」とは何かを問うことは、この脳で生まれる「幸せ」という感情とは何かを問うこと。ダマシオ博士は、それをこんな実験で探求した

「幸せ」の感情は脳が受け取る「情動」によって生まれる

アントニオ・ダマシオ
（1944年〜）
ポルトガル系アメリカ人の脳神経学者。人間の意識・脳・感情・情動などの研究で、AI研究、ロボット工学に大きな影響を与えている。現在南カリフォルニア大学教授・脳創造研究所所長

「情動」が「感情」を生み出している

人間の脳は「感情」を感じる前に、身体から、もっと根源的な「情動」の働きかけを受けている

それは、重度のパーキンソン病の女性の脳に電極をつけ、運動機能を調べているとき起こった

ある部位を電気刺激した。すると、彼女は突然泣き出した

そして、彼女は不思議そうに言った

なぜ泣いたのかわかりません

突然泣きたくなって

その後、悲しい感情が湧いてきた

電気をOFFにすると突然平常に戻った

泣きたい衝動が先にあり

人間の感情が生まれる前に、五感によって集められたより深い刺激によって、身体が反応すると、ダマシオは考えた

感情が後から生まれた

る。彼らは脳が、生物学的肉体とつながっている事実を無視している」と。

また、脳神経学の権威であるアントニオ・ダマシオは、人間の脳が「幸せ」と感じるためには、「その感情の前に、肉体からの心地よい、快の情動が必要」だと説きます。

下に表したのは、ダマシオが説く、人間の脳が「幸せ」と感じるために、私たちの肉体で起こる「情動」の仕組みを図示したもの。情動とは、喜び、怒り、悲しみなどを引き起こす激しい衝動のことです。

この仕組みからわかることは、私たちが「幸せ」と感じるためには、そう感じさせる外部刺激と、それを「快」として脳に届ける「情動」が不可欠だということです。

AI研究者たちが口を揃えて言う、人類の脳とAIの融合だけでは、私たちや私たちの社会の「幸せ」は生まれません。私たちは脳だけで生きているわけではないからです。仮に将来AIに「自我」が生まれたとしても、肉体をもたないAIに、人間の感じる「幸せ」を知ることはできないでしょう。

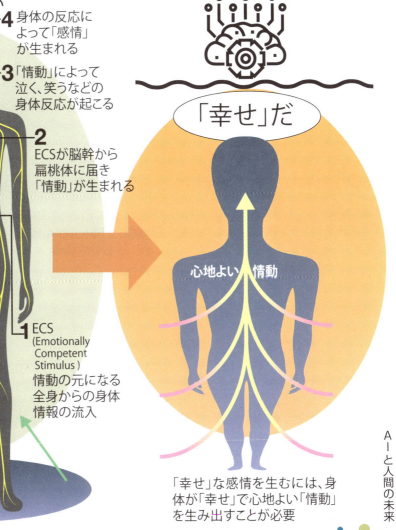

外部世界と接する身体をもたない「AI」は、人間の「情動」をもてない

「情動」から「感情」への経路「幸せ」の感情もこうして生まれる

様々な外的刺激

4 身体の反応によって「感情」が生まれる
3 「情動」によって泣く、笑うなどの身体反応が起こる
2 ECSが脳幹から扁桃体に届き「情動」が生まれる
1 ECS (Emotionally Competent Stimulus) 情動の元になる全身からの身体情報の流入

ECS

外部世界

「情動」をもてない「AI」は、人間の「幸せ」を理解できない

「幸せ」だ

心地よい情動

「幸せ」な感情を生むには、身体が「幸せ」で心地よい「情動」を生み出すことが必要

AIと人間の未来

87

Part 4 AIと人間の未来 ⑨

鉄腕アトムのようなAIが人々を正義へと導く時が来る!?

AIに問われる人類の未来

　日本を代表する漫画家、手塚治虫が描いたロボット漫画『鉄腕アトム』をご存じでしょうか。自ら思考し、百万馬力の力をもち、空をジェットで自由に飛ぶ少年型のAIロボットです。

　このアトムがある時、科学者のお茶の水博士にこう頼みます。「僕も人間のように、花が美しいと思える心がほしい」と。前項で指摘した、AIと心の問題を、手塚治虫は昭和30年代に、すでに取り上げていました。

　博士はアトムの願いを聞いて「心」をアトムにあげます。すると何が起きたでしょうか。アトムは悪の存在と戦うことに恐怖を感じ、戦いから逃げ出そうとします。アトムは人間の心をもつことで、その「心」の負の側

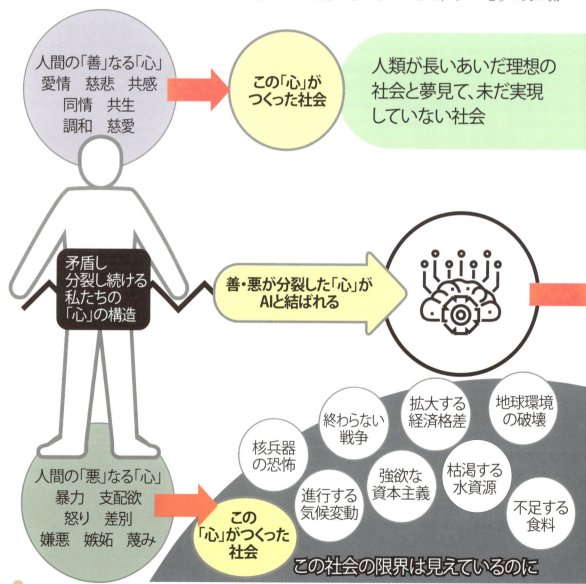

にある「弱さ」の存在を知ったのです。

　アトムが知った「心」の矛盾を、人類はその誕生から現在までもち続けています。全ての命を慈しみ、ともに生きていこうとする「善」なる「心」と、他の命を暴力で抑えつけ、自分の権力下に置こうとする「悪」の「心」です。

　いまなお、世界の各地で戦争を続ける人間の「心」の「悪」と、人間の幸せを理解できず、善悪の倫理をもたない超AIとが結びつくことがいかに危険なことか、これまでのページで私たちは見てきました。

　私たちはいま、大きな岐路に立っています。私たちは、自らが抱える矛盾する2つの「心」のどちら側を理想とする社会をつくろうとするのか。人間は自ら生み出したAIに、その決断を求められているといえるでしょう。

　鉄腕アトムというAIの理想像を、私たち日本人はもっています。アトムが願うロボットと人間の信頼と共生は、差別、偏見、暴力を克服した人間社会の象徴です。

　アトムが自らの心の弱さを克服したように、私たちも、自らの「心」の弱さを見つめ、その「弱さ」を克服した未来への道筋を見つける努力を続けなければならないでしょう。

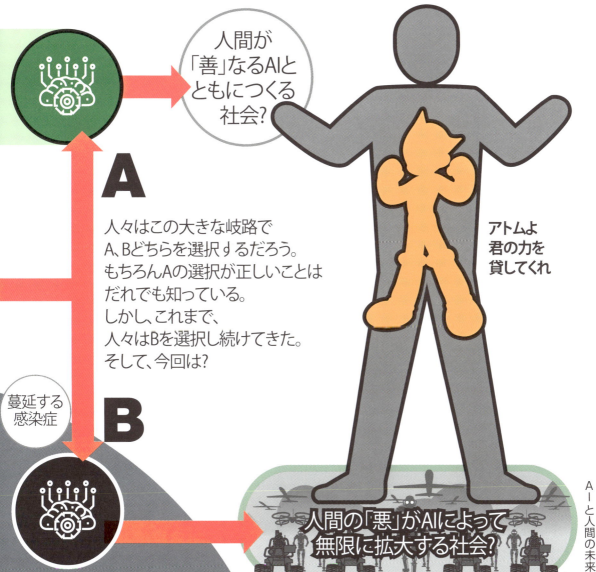

人間が「善」なるAIとともにつくる社会?

A

人々はこの大きな岐路で
A、Bどちらを選択するだろう。
もちろんAの選択が正しいことは
だれでも知っている。
しかし、これまで、
人々はBを選択し続けてきた。
そして、今回は?

蔓延する感染症

B

アトムよ君の力を貸してくれ

人間の「悪」がAIによって無限に拡大する社会?

AIと人間の未来

89

おわりに

AIの進化によって問われるのは人間の「心」と真の英知

いま、様々なメディアが頻繁に「AIが人間の仕事を奪う」と伝えています。

しかし、本書をお読みくださった方は、この警告が、あまりにも単純すぎることにお気づきでしょう。むしろAIがはらむ問題は別のところにあるということも——。

AIは人間から完全に仕事を奪うわけではなく、人間の肩代わりをするものです。多くの場合、いま社会が抱える少子高齢化による労働力不足を補い、人間の仕事をより創造性の高いものにする手助けともなっています。もちろん、単純な製造加工作業、定型の事務・計算業務は、AI化が進むでしょう。しかし、これは今日に始まったことではありません。特定の業務を高度化・効率化するAIは、「弱いAI」と呼ばれています。この「弱いAI」が世界の産業構造を変化させ、私たちによりよい暮らしをもたらしてきました。

問題は、この先にあります。もし人間のように自意識と心をもつ「強いAI」が誕生したら、その機械の「心」とはどんなものなのか。こんな疑問がこれまでも投げかけられてきました。日本人の心情には、善良で友愛に満ちた「鉄腕アトムの心」が刷り込まれてもいます。しかし、この考え方はあまりにも牧歌的すぎるのではないか、AIは「心をもつ」のではなく、「心をもたない」から危険なのだ、そう警鐘を鳴らす声があります。

例えば現在のAI研究の中心であるディープラーニング。この学習アルゴリズムの中で、

AIがどのような推論計算をしていて、どのような思考が展開しているのか、実は人間には把握できなくなっています。ましてや、この超複雑な思考機械が、現在研究が進められているスーパーコンピュータを凌駕する計算力を得た時に何が起きるのか、予測不能です。

この「心」をもたないAIの暴走が、現在最も懸念されるAI問題なのです。

いやいや、人間は「強いAI」も使いこなすし、暴走もさせない。それが証拠に人類は第二次世界大戦以降、核兵器を安全に管理してきたではないか。そう主張する人々がいます。

しかし、ここには大切な視点が欠落しています。核戦争を回避できているのは、核のボタンを押すことを思いとどめる良心、恐怖、罪悪感など人間がもつ「心」の働きのおかげです。ところがAIは、人間の「心」が介在しないところで、自律的に判断し、行動します。人間を敵と見なせば、人間に刃を向けるようにならないとも限らないのです。

そもそもAI研究は、楽観主義者たちから始まりました。その試みが頓挫したのは、彼らが人間の知性を知らなすぎたからです。いま再び同じような楽観論がAI研究を主導しています。この楽観論が、研究者の二度目の挫折どころか、人類の巨大な禍を引き起こさない保証はどこにもありません。

「心」をもたないAIの安全性をどのようにして確保するのか、人類の真の英知は、ここにかかっているのではないでしょうか。

参考文献

『AI倫理　人工頭脳は「責任」をとれるのか』
　　西垣通・河島茂生著（中央公論新社刊）
『ChatGPTの頭の中』
　　スティーヴン・ウルフラム著（早川書房刊）
『図解でわかる14歳から知る人類の脳科学、その現在と未来』
　　インフォビジュアル研究所著（太田出版刊）
『ホモ・デウス　テクノロジーとサピエンスの未来　上下』
　　ユヴァル・ノア・ハラリ著（河出書房新社刊）
『人工知能のための哲学塾　東洋哲学篇』
　　三宅陽一郎著（ビー・エヌ・エヌ新社刊）
『ポスト・ヒューマン誕生 コンピュータが
人類の知性を超えるとき』
　　レイ・カーツワイル著（NHK出版刊）
『レイ・カーツワイル 加速するテクノロジー』
　　レイ・カーツワイル＋徳田英幸著（NHK出版）
『2050年の技術 英「エコノミスト」誌は予測する』
　　英「エコノミスト」編集部著（文藝春秋社刊）
『世界を変える100の技術』　日経BP社著（日経BP社刊）
『日本ロボット産業・技術の発展過程』
　　国立科学博物館技術の系統化調査報告 Vol.4
　　楠田喜宏著（国立科学博物館刊）
『人工知能 人類最悪にして最後の発明』
　　ジェイムズ・バラット著（ダイヤモンド社刊）
『ビッグデータの正体』
　　ビクター・マイヤー＝ショーンベルガー、ケネス・クキ
　　エ著（講談社刊）
『コンピュータで「脳」がつくれるか』
　　五木田和也著（技術評論社刊）
『グーグル秘録 完全なる破壊』
　　ケン・オーレック著（文藝春秋社刊）
『意識と脳』　スタニスラス・ドゥアンヌ著（紀伊國屋書店刊）
『感じる脳 情動と感情の脳科学 よみがえるスピノザ』
　　アントニオ・R・ダマシオ著（ダイヤモンド社刊）
『人類の未来 AI、経済、民主主義』
　　ノーム・チョムスキーほか著、吉成真由美インタビュー・
　　編（NHK出版刊）
『機械との競争』
　　エリック・ブリニョルフソン、アンドリュー・マカフィー著、
　　村井章子訳（日経BP社刊）
『FinTechの衝撃 金融機関は何をすべきか』
　　城田真琴著（東洋経済新報社刊）
『保険医療分野におけるAI活用推進懇談会報告 平成29年度』
　　厚生労働省
『世界のSF文学・総解説』
　　石川喬司、伊藤典夫編（自由国民社刊）
『R.U.R. ロボット』　カレル・チャペック著（十月社刊）
『われはロボット』　アイザック・アシモフ著（早川書房刊）
『2001年宇宙の旅』　アーサー・C・クラーク著（早川書房刊）

参考ウェブサイト

https://medium.com/
https://forbesjapan.com/
https://www.bbc.com/news/technology-64538604
https://blog.bytebytego.com/p/ep-44-how-does-chatgpt-work
https://fourweekmba.com/how-does-chatgpt-work/
https://writings.stephenwolfram.com/2023/02/what-is-chatgpt-doing-and-why-does-it-work/
https://www.itmedia.co.jp/business/articles/2309/26/news030.html
https://www.scalablepath.com/machine-learning/chatgpt-architecture-explained
https://www.yomiuri.co.jp/science/20230509-OYT1T50319/
https://www.youtube.com/watch?v=4qGrteTY1EM
https://www.youtube.com/watch?v=bSvTVREwSNw
https://zapier.com/blog/how-does-chatgpt-work/
https://www.leewayhertz.com/a-guide-on-generative-ai-models-for-image-synthesis/
https://www.v7labs.com/blog/ai-generated-art
https://jidounten-lab.com/
https://www.youtube.com/watch?v=OFS90-FX6pg
https://www.youtube.com/watch?v=wjZofJX0v4M
https://www.youtube.com/watch?v=CHx6uHnWErY
https://www.youtube.com/watch?v=j3_VgCt18fA
https://hello-robot.com/
https://www.tegakari.net/
https://japan.cnet.com/article/35211450/#:
https://evort.jp/article/botinkit
https://foodtech-japan.com/2020/12/21/moley-robotics/
https://wpb.shueisha.co.jp/news/politics/2021/07/19/114083/
https://www.sbbit.jp/article/cont1/36203
https://www.tokyo-np.co.jp/article/132398
https://www.yomiuri.co.jp/world/20230228-OYT1T50082/
https://theconversation.com/gaza-war-israel-using-ai-to-identify-human-targets-raising-fears-that-innocents-are-being-caught-in-the-net-227422
https://www.youtube.com/watch?v=qrvK_KuleJk
https://www.youtube.com/watch?v=PyrDh6RQdYY
https://www.youtube.com/watch?v=piGsHs13ZRE
https://www.youtube.com/watch?v=p9Q5a1Vn-Hk
https://www.youtube.com/watch?v=oJNHXPs0XDk
https://www.youtube.com/watch?v=OFS90-FX6pg&t=2s

索 引

あ

IBM……………………………… 8、9、13、46
ASIMO ………………………… 11、38〜39
アップル…………………………………12
アマゾン…………………………29、58、61
アルトマン（サム）……………28〜29、66、73
インターネット………… 7、12〜13、27、41
AIの自我 ……………… 17、77、78〜79
エキスパートシステム……………… 6、10〜11
エヌビディア……………………………36〜37
fMRI（機能的磁気共鳴画像法）……… 14〜15
LLM（大規模言語モデル）…15、30〜31、76〜77
オズボーン（マイケル）…………………42
オープンAI ……… 7、15、28〜29、32、66
重み…………………………………………21
重みづけ ………………… 21、22〜23、31

か

ガザニガ（マイケル・S）…………………73、86
画像生成AI …………29、32〜33、34〜35
画像認識……………… 15、22〜23、41
カーツワイル（レイ）………………15、73、74
間脳…………………………………… 72〜73
機械学習……… 7、13、22〜23、24〜25、26〜27
強化学習………………22〜23、25、30〜31
教師あり学習……………… 13、22〜23
教師なし学習……………… 13、24〜25
グーグル……………15、27、29、36
ゲイツ（ビル）…………………73、78
言語生成AI ………………… 28〜29
ゴルジ（カミッロ）…………………14

さ

産業用ロボット…… 7、10〜11、38〜39、56〜57
GNSS（全地球航法衛星システム）……………37、52
閾値…………………………… 20〜21
軸索…………………………………20
自動運転車………15、36〜37、40〜41、45、59
CPU（中央処理装置）……………… 12〜13
GPU（画像処理半導体）……… 7、36〜37、40〜41
シャノン（クロード）…………………… 8
樹状突起…………………………………20
情動…………………………… 86〜87
小脳……………………………… 72〜73
自律型AI兵器……………………… 79、80〜81
シンギュラリティ………17、74〜75、79、84〜85
人工知能……………………… 8〜9、72〜73
人工ニューロン……………………14、21
スーパーコンピュータ…………………… 40〜41
スマート工場………………………56〜57、
スマート農業…………………… 52〜53
生成AI …… 16〜17、28〜29、32〜33、64〜65、76〜77
創発……………………… 76〜77、78

た

大脳…………………………… 72〜73
ダヴィンチ（手術支援ロボット）……………46
ダートマス会議…………………… 8
ダマシオ（アントニオ）…………14〜15、86〜87
DALL-E ……………… 29、32〜33
ChatGPT …… 7、17、28〜29、30〜31、32〜33、45、76
チャットボット…………………15、29、50
著作権…………………………33、65
強いAI ……………………… 16〜17

ディープ・ブルー………………………………13
ディープラーニング …6〜7、14〜15、26〜27、31、32
テスラ………………………………… 36 〜 37
ドローン……………… 52 〜 53、54、58、81

な

ニューラルネットワーク………… 14 〜 15、20 〜 21、
　　　　　　　　　　　　　　22 〜 23、26 〜 27
ニューロン（神経細胞）………… 14、20 〜 21
脳幹………………………………… 72 〜 73
脳神経学…………………………… 7、8、14
脳神経ネットワーク………………………20

は

パーセプトロン……………14 〜 15、20 〜 21、22
パラメータ………………………………31
ハラリ（ユヴァル・ノア）……………73、75
パール（ジューディア）…………… 12 〜 13
半導体…………………36 〜 37、40 〜 41
汎用コンピュータ………………………8
ビッグデータ………………………… 7、41
ヒューマノイドロボット………… 7、11、38 〜 39
ヒントン（ジェフリー）……… 15、26 〜 27、73、77
ファイゲンバウム（エドワード）………………10
フィンテック…………………………50
フェイクニュース………………… 76 〜 77
フェイスブック…………………………15
冬の時代…………………………… 6、12
フレーム問題………………………… 9、16
ブロードマン（コルビニアン）………………14
プロンプト………………… 34 〜 35、62
ホーキング（スティーブン）…………………78
ホモ・デウス…………………………75
ホンダ（本田技研工業）………… 11、37、38 〜 39

ま

マイクロソフト……………… 12、28 〜 29、78
マスク（イーロン）……………… 28 〜 29、37、73
マッカーシー（ジョン）………………… 8
マルチモーダル…………………………27
みちびき（衛星）………………37、52
ミンスキー（マービン）……………… 8、14
無人コンビニ…………………………61
モラベック（ハンス）…………………66
モラベックのパラドックス……………… 9、43、66

や

弱い AI ………………………………… 16 〜 17

ら

ラベンダー（AI 兵器）………………………80
ローゼンブラット（フランク）…………………14
ロチェスター（ナサニエル）………………… 8
ロボアドバイザー…………………… 50 〜 51
ロボット………11、38 〜 39、45、46 〜 47、52 〜 53、
　　　　　　54 〜 55、56 〜 57、58 〜 59、60 〜 61、
　　　　　　68 〜 69、82 〜 83、84 〜 85
ロボット工学三原則…………………… 84 〜 85

わ

ワトソン（AI）…………………………46
WABOT ………………………………11、39

インフォビジュアル研究所既刊 「図解でわかる」シリーズ

『図解でわかる ホモ・サピエンスの秘密』
最新知見をもとにひも解く、おどろきの人類700万年史。この1冊を手に、謎だらけの人類700万年史をたどる、長い長い旅に出よう。
定価(本体1200円+税)

『図解でわかる 14歳からの お金の説明書』
複雑怪奇なお金の正体がすきっとわかる図解集。この1冊でお金とうまく付き合うための知識を身につける。
定価(本体1200円+税)

『図解でわかる 14歳から知っておきたい AI』
AI(人工知能)を、その誕生から未来まで、ロボット、思想、技術、人間社会との関わりなど、多面的にわかりやすく解説。AI入門書の決定版！
定価(本体1200円+税)

『図解でわかる 14歳からの 天皇と皇室入門』
いま改めて注目を浴びる天皇制。その歴史から政治的、文化的意味まで図解によってわかりやすく示した天皇・皇室入門の決定版。
山折哲雄・監修、大角修・共著　定価(本体1200円+税)

『図解でわかる 14歳から知っておきたい 中国』
巨大国家「中国」を俯瞰する！ 中国脅威論や崩壊論という視点を離れ、中国に住む人のいまとそこに至る歴史をわかりやすく図解！
北村豊・監修　定価(本体1200円+税)

『図解でわかる 14歳から知る 日本戦後政治史』
あのことって、こうだったのか！ 図解で氷解する日本の戦後政治、そして日米「相互関係」の構造と歴史。選挙に初めて行く18歳にも必携本！
定価(本体1200円+税)

『図解でわかる 14歳から知る 影響と連鎖の全世界史』
歴史はいつも「繋がり」から見えてくる。「西洋/東洋」の枠を越えて体感する「世界史」のダイナミズムをこの1冊で！
大角修・共著　定価(本体1200円+税)

『図解でわかる 14歳から知る 人類の脳科学、その現在と未来』
人類による脳の発見から、分析、論争、可視化、そして機械をつなげるブレイン・マシン・インターフェイスとは？ 脳研究の歴史と最先端がこの1冊に！
松元健二・監修　定価(本体1300円+税)

SDGsを学ぶ

『図解でわかる 14歳からの プラスチックと環境問題』
海に流出したプラスチックごみ、矛盾だらけのリサイクル、世界で進むごみゼロ運動。使い捨て生活は、もうしたくない。その解決策の最前線。
定価(本体1500円+税)

『図解でわかる 14歳からの水と環境問題』
SDGsの大切な課題、人類から切り離せない「水」のすべて。「水戦争の未来」を避けるための、基本知識と最新情報を豊富な図で解説。
定価(本体1500円+税)

『図解でわかる 14歳から知る 気候変動』
多発する水害から世界経済への影響まで、いま知っておきたい、気候変動が引き起こす12のこと。アフターコロナは未来への分岐点。生き延びる選択のために。
定価(本体1500円+税)

『図解でわかる 14歳から考える 資本主義』
資本主義が限界を迎えたいま、SDGsがめざす新しい社会のあり方を考える。「どの本よりも分かりやすく"経済"を図解している」経済アナリスト・森永卓郎氏推薦！
定価(本体1500円+税)

『図解でわかる 14歳から知る 食べ物と人類の1万年史』
WFP(国連世界食糧計画)が2020年ノーベル平和賞を受賞したわけは？「生きるための食べ物」はいつから「利益のための食べ物」になったのか。食べ物史1万年を追う。
定価(本体1500円+税)

『図解でわかる 14歳からの脱炭素社会』
日本が2050年を目処に実現すると表明した「脱炭素社会」。温室効果ガスの排出量「実質ゼロ」を目指し、自分も、地球も、使い捨てないために、私たちができることは？
定価(本体1500円+税)

※印は社会応援ネットワーク著

14歳から！読める！わかる！カラー図版満載!!

『図解でわかる 14歳からの 地政学』
シフトチェンジする旧大国、揺らぐEUと中東、動き出したアジアの時代。「平和のための地政学的思考」の基礎から最前線までをこの1冊に！　鍛冶俊樹・監修　定価（本体1500円＋税）

『図解でわかる 14歳からの 宇宙活動計画』
旅する、はたらく、暮らす、知る…。宇宙はどんどん身近になる。2100年までの宇宙プロジェクトはもう動き出している。その時、きみはどこにいる？　定価（本体1500円＋税）

『図解でわかる 14歳からの 自然災害と防災』※
「こんな時はどうしたらいい？」日頃の備えから被災時の対応の仕方まで、中高生からリクエストの多かった質問、身近で素朴な疑問に専門家が回答。　諏訪清二・監修　定価（本体1500円＋税）

『図解でわかる 14歳から考える 民主主義』
民主主義の危機って、どういうこと？　民主主義の基礎から、ITとAIによるデジタル直接民主主義まで。これからの世代のための、民主主義の作り直し方。　定価（本体1500円＋税）

『図解でわかる 14歳からの ストレスと心のケア』※
悲しいニュースをみると胸が苦しくなる…。スマホがないと不安…。家族、友だち関係、いじめ、トラウマ、鬱…、ストレスに向き合い、解決に導く1冊！　冨永良喜・監修　定価（本体1500円＋税）

『図解でわかる 14歳からの 金融リテラシー』※
円高や円安ってどういうこと？　NISAって何？　将来、何にお金がかかるの？　基礎的な金融用語から、投資の基本知識、お金のトラブル事例や対処法まで、図解で解説！　定価（本体1,500円＋税）

『図解でわかる 14歳から知る 裁判員裁判』
18歳から参加できるようになった裁判員裁判。裁判の基礎知識からシミュレーションまで。人を裁くことへの向き合い方。
周防正行・序文、四宮啓・監修　定価（本体1500円＋税）

『図解でわかる 14歳から学ぶ これからの観光』※
観光×地方創生、SDGs、地域活性化…「観光教育」の決定版！世界中の人々が観光で互いに理解を深め、誤解や差別・偏見を無くしていくことが、平和な社会の実現に。　定価（本体1500円＋税）

『図解でわかる 14歳からのLGBTQ＋』※
さまざまな性のあり方を知れば、世界はもっと豊かになる。4つの身近なテーマと32の問いで、ジェンダー問題をより深く、より正しく知る。
定価（本体1500円＋税）

『図解でわかる 14歳から知るごみゼロ社会』
SDGsの超基本。ごみの本質を知って暮らしの未来を考え、ゼロ・ウェイスト社会へ。日本にもリサイクル率80％の町がある!!
定価（本体1500円＋税）

『図解でわかる 14歳から知る 生物多様性』
気候変動と並ぶSDGsの大問題。私たちの便利な暮らしが生物の大絶滅を引き起こす!?　地球だけがもつ奇跡の多様性を守るために、いま知っておくべきこと。
定価（本体1500円＋税）

世界の宗教と文化シリーズ

『図解でわかる 14歳から知る 日本人の宗教と文化』

日本人の7割以上が無宗教?!それは、大きな誤解。万物に命を感じ ゆるーく神仏を祀る。縄文から続く日本人の宗教と文化をたどる。山折哲雄・監修、大角修・共著
定価（本体1500円＋税）

『図解でわかる 14歳から知る キリスト教』

世界史を理解するために、世界最大の宗教を知る。世界の3人に1人が信者。国際社会の動向を把握するうえで無視できない存在＝キリスト教。
山折哲雄・監修　定価（本体1500円＋税）

『図解でわかる 14歳から知る インド・中国の宗教と文化』

世界史をつくった2大文明の基礎。仏教、ヒンドゥー教、道教、儒教をビジュアルで理解する。現代西欧型文明の混迷から再び見直される、21世紀の東洋の叡智。
山折哲雄・監修、大角修・共著
定価（本体1500円＋税）

『図解でわかる 14歳から知る イスラム教』

世界でイスラム教徒が増えている理由。じつは楽しく、優しい宗教だから？　イスラム教徒の暮らしと文化、その教えから経済事情まで、徹底解説。
山折哲雄・総監修、私市正年・監修
定価（本体1500円＋税）

著／インフォビジュアル研究所

2007年より代表の大嶋賢洋を中心に、ビジュアル・コンテンツを制作・出版。主な作品に『イラスト図解 イスラム世界』(日東書院本社)、『超図解 一番わかりやすいキリスト教入門』(東洋経済新報社)、「図解でわかる」シリーズ『ホモ・サピエンスの秘密』『14歳からのお金の説明書』『14歳からのプラスチックと環境問題』『14歳から考える民主主義』『14歳から知る裁判員裁判』『14歳から知る日本人の宗教と文化』『14歳から知るキリスト教』『14歳から知るインド・中国の宗教と文化』『14歳から知るイスラム教』(太田出版)などがある。

大嶋賢洋の図解チャンネル
YouTube
https://www.youtube.com/channel/UCHlqINCSUiwz985o6KbAyqw
X（旧Twitter）
@oshimazukai

企画・構成・図解制作／大嶋 賢洋
編集／豊田 菜穂子
イラスト・図版制作／高田 寛務
イラスト／二都呂 太郎
カバーデザイン・DTP／河野 謙
校正／鷗来堂

本書は2018年1月28日発行の『図解でわかる 14歳から知っておきたいAI』を、最新情報とともに大幅に改訂の上、新装したものです。

図解でわかる
14歳から考える
AIの未来と私たち

2024年9月6日 初版第1刷発行

著者　インフォビジュアル研究所
発行人　森山裕之
発行所　株式会社太田出版
〒160-8571 東京都新宿区愛住町22 第三山田ビル4階
Tel03-3359-6262 Fax03-3359-0040
http://www.ohtabooks.com
印刷・製本　中央精版印刷株式会社

ISBN 978-4-7783-1964-9　C0030
©Infovisual laboratory 2024 Printed in Japan
定価はカバーに表示してあります。乱丁・落丁はお取替えいたします。
本書の一部あるいは全部を利用(コピー等)する際には、著作権法上の例外を除き、著作権者の許諾が必要です。